KB146860

삶이 물었고
영화가 답했다

삶이 물었고 영화가 답했다

이안 지음

한 편의 영화가
나에게 일러준 것들

담앤북스

저자의 말

"어떤 영화를 좋아하세요?"

"무슨 영화 보면 좋을지 좀 추천해 주세요."

영화 일을 한다고 하면 이런 말을 종종 듣게 된다. 그럴 때마다 참 난감해진다. 영화 가운데 딱 일부만 짚어 좋다고 할 수 있을 것 같으면 이 길을 걷지 않았을 테니까. 무슨 일을 업으로 하고 살아낼지 108번 다시 선택하래도 영화를 고를 게 분명하다. 어떤 상황에서는 이 영화가 보고 싶고, 다른 기분일 때는 저 영화가 보고 싶은 무궁무진한 영화의 세계에서 뭘 고른다는 건 마치 관세음보살, 문수보살, 지장보살… 그 많은 보살들 가운데 딱 한 분만 고르라는 것만큼이나 어려운 숙제다.

그래서 대중에게 영화를 소개하는 일을 하며 사는 것이 늘 행복한 고민의 과정이었다. 이번 주에는, 이번 달에는, 올해에는 어떤 영화를 골라 상영하고, 글을 쓰고, 강의를 할까? 어떤 인연이 닿아 월간 〈통도〉에 매달 영화를 소개하는 글을 올리게 되었을 때도 마찬가지였다. 처음에는 딱 '불교 영화' 몇 편 소개하면 되겠거니 생각했다. 그런데 스님이 등장하거나, 절을 배경으로 하거나, 불교라는 종교 자체가 주제인 영화는 그렇게 많지도 않고 자주 만들어지지도 않아 글을 마치는 게 어떻겠느냐고 여쭈었다. 그랬더니 불자들이 보는 영화가 딱 그런 영화만 있는 것은 아니니 너무 틀에 갇히지 말고 자유롭게 더 이어 보라는 답이 돌아왔다.

아차, 싶었다. '불교 영화'가 따로 있겠거니 생각한 어리석은 눈과 마음에 불심으로 보면 어떤 영화든 화두요, 답이었다. 그렇게 한 달 한 달 쌓인 글 빚이 늘어가던 날, 영화 행사 가는 길에 통도사에 들렀다. 월간 〈통도〉 편집 소임을 맡고 계신 포교국장 스님께서 맞아주시며 바쁜 가운데 그 큰 절을 두루 보여주셨다. 통도사는 영축총림이라고 한다. 한 그루의 나무가 아니라 승려와 속인이 화합하여 함께 배우기 위해 모인 것을 나무가 우거진 수풀에 견주어 '총림叢林'이라고 한다는 통도사에서 다시 깨달았다.

절은 원래 그 자체가 극장이요, 영화라는 것을. 어려운 범어나 한자로 새겨진 경전으로만 불법을 전하는 것이 아니라 탱화, 불상, 탑, 기둥, 샘 구석구석에 가르침을 이미지로 펼쳐 놓아서 누구나 보고, 느끼고, 숨쉬고, 살면서 깨닫는 곳이 바로 절이라는 것을. 그 많은 이미지를 다 이해하고 깨우치려면 평생이 걸려도 모자라다는 것을.

실상사에 가면 통일신라 시대부터 모신 철조여래좌상 뒤에 특별하고 재미있는 탱화가 펼쳐져 있다. 그 안에는 지리산이 있고, 반달곰도 있고, 실상사 어귀의 돌장승도 있고, 섬진강도 있고, 화개장터도 있고, 마고할미도 있다. 그 탱화 안에서 대중들은 이야기를 엮고, 삶을 느끼고, 불심을 다진다. 나에겐 영화가 그런 것이다. 대중과 나누고 싶은 삶의 이미지와 고민과 갈등, 그리고 공부.

영화로 대중과 만나는 사람이 되도록 이끌어주신 여러 스승님들 앞에 내놓기에는 부족하기 짝이 없지만 사찰이 곧 영화라는 것을 처음 알려주신 故 최민 선생님, 영화학자보다 더 영화 이야기 많이 들려주신 故 원경 스님, 지금도 영화로 세상을 이해하도록 이끌어주시는 김소영 감독님, 고되고 팍팍한 영화계에서 일하는 자식을 위해 늘 기도하시는 부모님, 그리고 함께 영화 일을 하는 선후배 동료들, 불자의 눈으로 영화를 풀어 보는 길을 내어준 오세룡 대표님이 없었더라면 이 책을 엮을 수 없었을 것이다.

108배를 해보면 그렇게 어려울 수가 없다. 108이란 숫자는 도무지 끝날 것 같지 않다. 33배를 해도 1/3이 안되고, 50배를 해도 절반이 안되고, 100번을 채워도 아직 8번이 남아 있고… 글 쓰는 일이 꼭 그렇다. 아무리 좋은 영화를 보고 글로 옮겨도 한참 모자라다.

그래도 영화 함께 봐주시고 글 읽어주신 분들에게 드리는 고맙고 부끄러운 마음을 글 안에 담아 놓았겠거니, 너그러이 헤아려 주시기를.

2022년 7월

이안

1부

삶과 죽음의 경계에서

푸르고 푸른 생명 예찬

미나리(2020)

"미나리는 잡초처럼 막 자라니까 누구든지 뽑아 먹을 수 있어. 부자든 가난한 사람이든 미나리를 먹고 건강해질 수 있어. 김치에도 넣어 먹고, 찌개에도 넣어 먹고, 아플 땐 약도 되고, 미나리는 원더풀이란다. 아이고, 바람 분다. 미나리가 고맙습니다, 땡큐 베리 머치 절하네."

미국이라는 낯선 나라에 갓 도착해서 말도 설고, 벗도 없는데, 사위며 손주들이 곁을 잘 안 줘도 천연덕스럽게 스며드는 할머니 순자(윤여정)가 말인 듯 노래인 듯 손주에게 건네는 이 대사는 영화를 본 관객들 마음 밭에 아마도 주문처럼 미나리꽝• 하나씩 품게 했을 것이다.

물가에 훌훌 뿌려 놓으면 잡초처럼 자라나는 푸릇푸릇한 미나리는 우리네 밥상에서 주인공 노릇보다는 고명으로 요긴한 채소다.

천지만물의 조화를 색으로 나타내는 한국 문화에서는 오방색五方色이 중요하다. 음과 양의 기운이 생겨나 하늘과 땅이 되고 다시 음양의 두 기운이 어우러져 세상을 이루는 불火, 물水, 나무木, 쇠金, 흙土이라는 오행을 생성한다는 것이 음양오행사상이다. 그리고 이 심오한 음양오행사상을 색으로 표현하는 것이 오방색이다.

오행을 나타내는 다섯 색 각각은 중앙과 사방을 기본으로 삼아 황黃은 중앙, 청靑은 동, 백白은 서, 적赤은 남, 흑黑은 북, 이렇게 다섯 방위를 가리킨다. 어린아이에게 입히는 색동저고리, 혼례 때 신부가 바르는 연지 곤지, 붉은 고추를

•
미나리를 심는 논

끼워 두르는 금줄, 궁궐이나 사찰 건축을 장식하는 단청이 모두 생활과 문화 속에서 익숙한 오방색의 전통이다.

음식의 맛과 색상에서도 음양오행의 원리를 지키려 한 것이 오색 고명이고, 그 중에서도 밀가루와 달걀을 물에 개어 부쳐 낸 미나리초대가 바로 태양이 솟는 동쪽, 부활과 탄생을 의미하는 푸른색을 담당하는 고명이다. 그리고 동쪽은 서양 중심 세계관에서는 바로 한국의 방향이기도 하다.•

그러니 영화 〈미나리〉(정이삭 감독)에서 미나리는 그저 고향에서 가져온 채소가 아니라 이민자들에게는 떠나온 조국이며, 어떤 시련이 있어도 다시 오뚜기처럼 부활하는 힘을 일으키는 주문일 것이다.

건물들이 즐비한 타운을 지나 집이라기에는 가건물에

•
우리가 보는 세계지도에는 한국이 미국의 서쪽에 있지만 미국 중심 세계지도에는 대개 유럽 너머 동쪽 끝에 한국이 있다.

가까운 허허벌판에 놓인 트레일러, 그곳으로 막 이사를 가는 가족의 심란함. 한인 가족이 미국 남부 아칸소주에 정착하는 과정을 그린 영화 〈미나리〉는 한인 2세인 정이삭 감독의 자전적 이야기이기도 하고, 이민 1세대들에게는 자신들이 겪어 온 지난한 과정이 고스란히 담겨 있다 보니 극영화가 아니라 다큐멘터리처럼 여겨진다고도 한다.

정이삭 감독은 전 세계 영화제에서 이미 90여 개의 상을 받았고, 미국 영화계에서는 최고의 영예로 여겨지는 상인 아카데미 시상식에서 작품상, 감독상, 남우주연상(스티븐 연), 여우조연상(윤여정), 각본상, 음악상(에밀 모세리) 등 총 6개 부문 후보에 올랐으며, 윤여정은 한국 배우 최초로 아카데미상 여우조연상을 수상했다.

정이삭 감독의 영어 이름은 리 아이작 정Lee Issac Chung이고 국적도 미국이다. 그리고 영화의 주인공 가족들의 이름은 영화 이야기 도중에 한국에서 미국으로 오게 되는 할머니 순자 빼고는 처음부터 끝까지 미국 이름만 나온다. 아빠는 제이콥(스티븐 연), 엄마는 모니카(한예리), 딸은 앤(노앨 케이트 조), 아들은 데이빗(앨런 킴).

제이콥이 가족을 이끌고 새로 이사할 장소에 도착한 순간부터 이 가족은 흔들린다. 모니카는 심장이 약한 아들 데이빗이 언제든 찾아갈 수 있는 병원과 아이들이 다닐 학교가 가까이 있는 다운타운이 가족이 함께 살 수 있는 곳이라고 생각한다. 당장의 아이들 걱정부터 앞서는 대부분의 엄마들이 다 그렇듯. 그런데 제이콥은 막무가내로 커다란 땅을 덜컥 사서 온 아칸소의 허허벌판이야말로 아이들에게 '아빠가 뭔가를 이뤄 낸 사람'이라는 걸 증명해 낼 수 있는 터전이 되리라고 생각한다.

이루고 싶은 그 뭔가는 바로 한국 작물을 재배해서 미국에 이민 온 한인들에게 공급하는 일이고, 그러자니 땅이 필요하고, 땅에 작물을 심어 키우자니 물이 필요한데, 하필 그 땅에는 물이 없다. 처음에는 '가든'이라고 눙쳤다가 나중에는 '농장'으로 일궈 내야 할 제이콥의 땅은 보기에는 기름지지만 햇빛과 바람과 물 말고도 제이콥의 땀과 근육, 그리고 은행 대출까지 끌어들여야 겨우 수확을 누릴 수 있는 거대한 노동 지옥이다.

이사 첫날, 네 가족이 오순도순 거실에 한데 모여 자

는 화목한 모습을 꿈꾸던 제이콥의 꿈을 깨뜨리는 건 이런 황량한 곳에 이사왔다고 불평하는 아내 모니카보다도 갑자기 몰아치는 비바람이다. 토네이도가 몰아치면 전기도 나가고, 비가 새는 가설 건물은 언제 뒤집힐지 모르게 불안한 주거지라는 게 이사 온 첫날 바로 드러나 버렸다.

가든이든 농장이든 아직 어떤 작물도 그 땅에 뿌리를 내리지 못한 것처럼 제이콥네 가족도, 가족이 사는 건물도 불안하기 이를 데 없다. 그런 형편에 아칸소로 이사 오기 전까지 번 돈에 대출까지 보태어 땅을 샀으니 제이콥과 모니카 부부는 맞벌이로 하루 종일 직장에 나가야 한다. 그런데 아이들만 두고 집을 비우는 게 법적으로 문제가 되는 미국이란 나라에서 조금만 달려도 건강이 위험한 막내 데이빗과, 동생을 잘 보살피긴 해도 아직은 어린 딸 앤만 남겨 두고 전화도 없는 집을 비울 수는 없다.

부부가 하는 일은 병아리 감별, 그러니까 어린 병아리 생식기를 뒤집어 보고 성별을 구분해서 암평아리는 살리고 수평아리는 죽이는 일이다. 허드렛일이기도 하고 잔혹

한 일이기도 한 그 일은 실제로 이민 초창기에 많은 한국인들이 직업으로 삼은 일이었다. 그리고 제이콥은 그 일에 남보다 뛰어난 실력이 있었기에 계속 병아리 감별만 했더라면 가족은 먹고 살기 어렵지 않았을 수도 있다.

그런데 제이콥은 그 일이 성에 차지 않는다. 제이콥처럼 병아리 감별을 잘 해내지 못해 퇴근 후 따로 연습까지 하는 모니카와는 달리 제이콥에게 그 일은 떳떳한 일이 아니다. 아이들을 집에 둘 수 없어 직장에 데려온 날 수평아리가 어찌 되느냐고 묻는 아들에게 '도태'를 제대로 설명하지 못하고 담배 연기를 뿜어내는 제이콥에게서 우리는 살고자 하는 자로서 죽음을 선고해야 하는 일을 하는 존재의 고뇌를 보게 된다. 내가 살고자, 내 자식을 살리고자 갓 부화한 생명을 하루에도 몇 상자씩 죽음의 소각로에 밀어 넣는 일 앞에서 제이콥이 느끼는 것은 바로 '자괴감'이었을 것이다.

그러니 죽이는 일이 아니라 살리는 일인 농사를 짓고 싶었을 수도 있다. 제이콥이 병아리 감별을 하기 전, 또는 미국에 이민 가기 전에는 무슨 일을 했는지 알 수 없지만 농사로 잔뼈가 굵은 사람이 아닌 건 영화를 보면서 누구나 눈치챌 수 있다. 수맥 찾는 돈 3백 달러를 아끼겠다고 직접 우물을 파고, 밭을 갈고, 씨를 뿌리느라 팔이 올라가지 않을 정도로 힘을 쓰는 이 초보 농군과 그런 남편을 감당하며 일과 가족을 두루 돌봐야 하는 모니카가 도움을 받을 수 있는 단 한 사람이 바로 모니카의 친정 엄마 순자였다.

한국에 다른 일가붙이가 없다는 순자라고 해서 아무리 딸이 부른다지만 사위도 어렵고, 그 어려운 사위보다 더 어려운, 말도 모르는 미국에 덜컥 오기가 쉬웠을까마는 멸치에, 고춧가루에, 보약에, 미나리 씨앗까지 바리바리 챙겨 들고 날아왔건만 손주는 할머니 냄새가 싫다며 티를 표나게도 낸다. 그러거나 말거나 순자는 손자에게 보약 달여 먹이고, 화투에 욕까지 가르치는데, 오줌싸개라고 놀리는 할머니에게 손주는 할머니도 당해 보라며 오줌을 먹이기나 하는 나날들.

불어나는 대출 이자와 엄청난 수도 요금을 내 가며 꿈과 희망을 위해 피땀으로 키운 작물들을 두고 좋은 거래처를 찾기까지 제이콥과 모니카 사이는 점점 더 메말라 가고 서로에게 상처를 주며 바스스 부서져 간다. 아이들은 그 사이에서 눈치가 늘어 가며 아무도 뿌리를 못 내리는 한편 순자는 아랑곳하지 않고 자신만의 방식으로 뿌리를 잘만 내린다.

위험하다고 아무도 찾지 않는 개울가에 미나리 씨앗을 뿌리고, 제이콥이 농작물 때문에 천당과 지옥을 오가는 동안 '미나리 원더풀' 콧노래를 부르며 벌써 수확까지 한다. 어느새 데이빗도 미나리 노래를 만들어 부르게 되고, 그러는 동안 의사들도 모르게 심장이 나아진다.

아카데미 6개 부문 후보에 올랐다는 소식이 전해졌을 당시 정이삭 감독은 "저희 할머니께서 물가에 심었던 미나리가 잘 자라 제게 축복이 된 것 같다."는 소감을 밝힌 바 있다. 여기서 우리는 '미나리는 원더풀이란다'라는 목소리를 생생하게 느낄 수 있다.

그리고 그 할머니의 손자가 자라 이제 한국 할머니 배우와 함께 외국 영화, 또는 외국인이 만든 영화로서가 아니라 '그냥 미국 영화'로 그 나라에서 인정받을 정도로 튼실히 뿌리 내리는 데는 병아리를 죽여 먹고 사는 길보다 채소를 키우고 살려 꿈을 이루려는 이민 1세대들의 노력이 바탕이 되어 있다. 살생이 아니라 가꾸고 키우는 이민과 정착, 이것은 이민자만 잘 먹고 잘 사는 길이 아니라 그들이 뿌린 내린 미국을, 미국이 한 자리하고 있는 세계를 살리는 작품으로 돌아왔다. 그 작품의 제목은 영어로도 미나리Minari다. 참으로 푸르고 아름다운 인연이다.

윤회와 전생을 기억하는 사람의 이야기

엉클 분미(2010)

태국이라는 나라를 만만한 외국 나들이 관광지쯤으로 여기는 한국에서, 동남아시아의 이국적인 풍광과 음식과 향락을 즐기기에 참 쾌적한 지역이라 여기는 세계에서 이 나라의 내력은 그다지 관심 있는 일이 아니다. 그저 여행 경비가 얼마 정도이며, 어느 지역이 경비에 맞춰 만만하게 누릴 여가를 제공할지 정도만 궁금할 뿐이다. 그런데 그 태국의 영화감독 아피찻퐁 위라세타쿤의 〈엉클 분미〉가 2010년 칸 영화제 황금종려상을 수상했다는 것은 어떤 의미이며,

그 영화는 어떤 질문을 우리에게 던졌는가?

이름값 높은 국제영화제 수상을 의식하며 헐리우드를 본뜬 웰 메이드 상업영화로 문화적 열등감을 극복했다는 증거를 인정받으려는 것도 아니요, 서양 아트하우스 취향에 맞춰 문화상대주의의 관대함과 오리엔탈리즘의 편향성 사이에서 영화가 예술이라는 레퍼토리를 넓히기에 적당한 문화의 다양성을 증명하는 것도 아닌 〈엉클 분미〉는 그 단순함 때문에 관객의 마음을 복잡하게 만든다.

태국은 불교의 나라다. 그리고 관광지가 아닌 진짜배기 태국의 삶과 죽음, 정치와 역사를 담은 영화 〈엉클 분미〉는 불교적인 세계관을 바탕으로 '환생'과 '변신'을 주제이자 스타일로 삼고 있다. 원래 제목 자체가 〈전생을 기억하는 분미 아저씨Uncle Boonmee Who Can Recall His Past Lives〉다. 이 영화엔 화려한 컴퓨터 그래픽 같은 건 없지만 관객들로 하여금 볼 수 없는 것들을 보게 만든다. 가령 영화 속 살아 있는 현실의 인물들이 고개를 돌리면 이들 옆자리에 앉아 있는 이가 유령인 상황임에도 아무도 놀라지 않는다. 메기가 말을 걸면 사람 목소리로 들리지만 아무도 신기해 하지 않고 당연하게 여긴다. 환상과 신화, 상상과 현실이 섞인 이 영화는 보는 동안에는 당혹스럽지만 영화를 다 보고 나면 영혼과 전생과 만물에 불성佛性이 있음을 느끼도록 한다.

아피찻퐁 위라세타쿤 감독은 이런 영화를 만든 데 대해 "정직하고 단순한 영화 만들기 방식을 기리고 싶었다. 존경하는 한 선배 감독이 내 영화를 두고 20년 전 개봉했다면 훨씬 잘 이해 받았을 것이라고 말한 적이 있다."면서 '관객을 2시간 동안 깨어 있게 하기 위해 온갖 복잡한 층위의 이야기를 쓰는 할리우드 영화'와 달리 자신의 영화는 '촌스럽고 전통적'이라고 설명한다.

그리고 감독이 "태어나고 죽었다가 업으로 다음 생을 다시 사는 관념을 이야기하고 싶었다."며 "이런 현상을 과학적으로 증명할 수는 없지만, 각자의 몸이 영혼을 느끼는 도구가 될 수 있을 것"이라고 설명했듯이 이 〈엉클 분미〉는 불교적 세계관이 작품 전체를 감싸고 있는 작품이다.

영화 시장에서 상업영화가 아닌 예술영화는 칸 영화제처럼 국제적으로 유명한 영화제에서 상을 받는다 해도 대중적으로 크게 알려지기는 쉽지 않다. 가령 아피찻퐁 위라세타쿤 감독의 전작인 〈열대병〉(2004)이 태국 영화로는 처음으로 칸 영화제에서 심사위원상을 받았을 때, 태국의 여러 멀티플렉스 영화관에서 개봉되었지만 흥행 결과는 참담할 정도였다고 한다. 그래서 〈엉클 분미〉는 황금종려상을 받고도 소규모로 몇 개의 개봉관에서 장기간 상영하는 방식으로 개봉했는데 차츰 입소문이 나면서 상영이 끝날 때쯤에는 매진이 될 정도로 사랑받는 작품이 되었다.

사실 아피찻퐁 위라세타쿤 감독은 〈엉클 분미〉가 출품된 해에 칸 영화제에 참석하기 직전까지 당시 정치적으로 불안했던 태국 상황 때문에 영화제 기간이 다 되도록 정부로부터 출국 허가를 받지 못하다 자신의 영화가 상영되기 전날에야 간신히 프랑스로 향할 수 있었다. 그의 이전 작품들이 추상적, 관념적인 측면이 돋보였던 것과 비교했을 때 〈엉클 분미〉에는 이데올로기 갈등으로 빚어진 자국민에 대한 학살이 있었던 태국의 역사가 담겨 있기 때문에 정부의 규제를 직접적으로 받는 상황이었다.

영화의 제목에 등장하는 인물인 분미 아저씨는 병이 깊다. 투석을 제때 해 주어야 그나마 버티고 살아갈 수 있지만 회복될 기미가 있어서가 아니라, 사는 동안 잘 버티는 게 고작이라는 걸 분미 아저씨도, 돌보는 이들도 잘 알고 있다. 병든 몸을 그나마 버티게 하는 건 서양 의술이지만 그 서양 의술은 병의 근원을 짚어내지도, 뿌리 뽑지도 못한다.

그런 분미 아저씨가 자기 전생이 보인다고 얘기하는 건 마치 곧 죽게 된다는 것을 알고 있다는 말처럼도 들린다. 분미 아저씨는 곧 사위어질 목숨을 더 길게 이어 보겠다고 버둥대는 대신 자신의 몸에 깃든 병이 자신의 업이라고 말한다. 그렇게 말하는 분미 아저씨의 저녁 식사 자리에 젊은 날을 함께 했던 죽은 아내도 나타나고, 원숭이 귀신에게 홀려 인간과 자연 그 사이 어디쯤인가의 모습을 한 자식도 나타난다. 그걸 보는 건 분미 아저씨 혼자만이 아니라 아저씨 곁의 사람들 모두가 함께이다.

분미 아저씨가 보는 귀신은 환상이 아니다. 그래서 분미 아저씨는 자신이 죽는 순간을 오롯이 혼자 마주해야 하는 공포로 맞닥뜨리지 않는다. 자신을 돌보던 처제며 친지에게 그 순간을 함께 해 달라고 요구한다. 다리가 온전하지 않은 처제, 지금 분미 아저씨가 겪는 고통과 죄의식의 근원과는 무관했을 젊은 친지들에게 죽음의 순간을 맞이하길 누워서 기다리지 않고 땀 삐질삐질 쏟아 가며 찾아가자고 청한다.

분미 아저씨가 온전히 죽는 일은 산 사람들이 온전히 함께해야 평안할 수 있다. 그래서 다리를 제대로 쓰지 못하는 처제도, 아저씨의 내력에 별 관심없는 어린 세대들도 꾸역꾸역 산을 올라 죽음을 맞이할 동굴로 함께 오른다. 그렇게 힘들게 오르는 숲속, 여유롭게 즐길 관광지가 아닌 오르기 힘들고 배어나는 땀이 고통스러워 어서 벗어나고픈 정글을 아피찻퐁 위라세타쿤 감독은 스크린 가득 들이민다.

〈엉클 분미〉의 화면에 채워지는 태국은 낯설다. 동남

아시아에서 손꼽히는 유흥시설도 안 보이고, 어느 때고 휴양지의 낭만을 즐길 만한 해변도 펼쳐지지 않는다. 이웃한 라오스의 불안한 노동력이 힘을 보태야 유지되는 시골 농경지가 있고, 관광지로 팔아먹기에는 불편하고 험난하기 짝이 없는 깊은 숲이 있고, 거기에 사는 사람들이 있을 뿐이다.

분미 아저씨가 죽음을 받아들이고 죽을 자리를 찾아가는 동안 아피찻퐁 위라세타쿤 감독은 낡은 특촬물* 기법으로 원숭이 귀신의 시뻘건 눈알을 보여 주기도 하고, '태국판 전설의 고향'쯤 되는 공주와 메기의 기괴한 로맨스를 보여 주기도 하고, 이데올로기 분쟁의 소용돌이 속에 서로 죽고 죽인 역사의 기록을 다큐멘터리 화면으로 보여 주기도 하고, 그런 모든 것들을 무심히 겪어 내는 분미 아저씨를 둘러싼 인물들을 보여 주기도 한다.

〈엉클 분미〉는 아피찻퐁 위라세타쿤 감독의 아트와

*

'특수촬영실사물'의 준말. 영화나 드라마 등에서 특수촬영이 사용된 작품들을 지칭하는 말로 컴퓨터 그래픽으로 조작한 것이 아니라 사람이 직접 분장을 하고 연기하는 것

영화를 결합한 '프리미티브 프로젝트Primitive Project'의 완결판이다. 그러니까 태국의 내력을 나름의 시선으로 짚어내는 한 영화감독의 영상 보고서라고 할 수 있겠다. 이 독특한 영화는 세계적으로 획일화된 영상문법의 관점에서 보자면 무척 불편하지만 그 영화를 만든 사람이 어떤 배경에서 자랐는지, 그래서 왜 이런 영화를 만들었는지를 짚어 보자면 엄청 친절한 영화다.

율 브린너가 태국 왕으로 나와서 서양 귀부인 데보라 카와 로맨스를 춤으로 풀어놓는 〈왕과 나〉(1956)보다, 사람들이 보고자 하는 태국이 아니라 태국이 겪은 태국을 보여 주는 〈엉클 분미〉가 태국을 알기에 훨씬 더 친절하고 분명하다. 태국 감독이 비춰 보여 주는 태국은 어떤 관광 팸플릿보다 낯설고, 그래서 한층 더 가까워진다.

감독은 영화를 통해 자신이 나고 자란 태국 북동의 풍경을 충실히 담아내고 싶었다고 한다. 그 지역은 어떻게 보면 굉장히 정치적이고 사회적으로 억압된 곳인데 감독 자신조차 늘 방콕에서 지냈기 때문에 그동안 제대로 진지하게 탐구할 기회가 없다가 이 영화에서 처음 제대로 살펴보게 되었다는 것이다.

감독이 어릴 때 그 지역에 절이 있었는데 그곳의 스님이 쓴 책을 보고 작품에 대한 영감을 얻었다고 한다. 스님을 보면서 왜 이렇게 억압되고 소외된 곳에 살고 있을까 궁금했는데 풍경의 변화와 영화 제작 과정에서 그 까닭을 찾아보게 됐다는 것이다.

〈엉클 분미〉에 그려진 영혼과 환생에 대해 감독은 계속 태어나고 환생한다는 개념은 신화나 환상, 전설이기도 하지만 그 바탕은 불교적 믿음이라고 설명한다.

죽음을 앞둔 분미 아저씨가 죽은 다음에는 어디로 가게 되느냐고 묻자, 분미 아저씨를 찾아온 아내의 유령은 "혼령은 공간이 아니라 사람과 생물에 깃들어요."라고 답한다. 이 대답은 영화 전체를 통해 여러 방식으로 증명된다. 그러니까 죽음이란 생명이 끝없는 자연의 거대한 순환구조로 들어가는 하나의 방식이라는 뜻일 것이며, 영화 내내 수시로 유령이 출몰하듯이 산 자와 죽은 자의 경계도 어떻게 보면 뚜렷하지 않다는 의미일 것이다. 분미 아저씨는 죽음이 가까워질수록 점점 더 전생의 기억이 또렷하게 되살아나면서 자신이 언젠가 다른 생에서 태어났던 동굴마저 기억하고 그곳을 찾아간다. 삶과 죽음, 혹은 이전의 삶 사이의 경계가 지워지는 경지에서 분미 아저씨는 죽음을 맞이하고 그 과정을 옆에서 지켜본 조카는 영화 말미에 스님이 되어 분미 아저씨 못지않은 놀라운 경험을 하게 된다. 이 경험을 어떻게 해석할지는 관객 각자의 불심과 깨달음에 따라 달라질 것이다.

21세기의 불제자

닥터 스트레인지(2016)

21세기에 전 세계 영화 관객들에게 가장 잘 알려진 불제자 캐릭터는 아마도 '닥터 스트레인지'일 것이다. 영화 〈닥터 스트레인지〉에서는 단독 주인공으로, 〈어벤져스〉 시리즈에서는 슈퍼 히어로 군단과 함께 지구를 구하기 위해 맹활약하는 닥터 스트레인지는 영화사 마블이 만들어 낸 세계, 마블코믹스가 우주적 재난과 위기에 맞서 슈퍼 히어로들의 활약을 펼치는 무대로 차려내는 '마블 시네마틱 유니버스'에 등장하는 여러 영웅 캐릭터 가운데 하나로 마블

판타지 세계 안에서 최강의 마법사, 그러니까 마법사 중의 마법사, 소서러 슈프림이다.

마블코믹스는 DC코믹스와 함께 먼저 만화로, 그리고 그 만화 캐릭터 가운데 골라낸 등장인물들로 만들어 낸 SF 판타지 영화로 전 세계 영화시장을 주름잡으며 미국 만화 시장의 80퍼센트 가량을 차지하고 있는 엔터테인먼트 회사다. 마블코믹스는 주연과 조연을 합쳐 무려 8천 명에서 9천여 명에 이르는 캐릭터를 창조했는데, 이 캐릭터들 가운데 90퍼센트 이상이 슈퍼 히어로다. 그중에서도 영화를 통해 우리에게도 잘 알려진 대표적 슈퍼 히어로들이 아이언맨, 스파이더맨, 캡틴 아메리카, 엑스맨, 토르, 헐크, 판타스틱4 등이고, 닥터 스트레인지도 그 가운데 하나다. 이들은 따로 자기 이름을 건 영화의 주인공이 되기도 하고, 어벤저스 군단으로 한데 뭉쳐 우주적 재난에 맞서기도 한다.

닥터 스트레인지가 만화가 아니라 영화로, 미국 코믹스 독자가 아니라 전 세계 영화 관객을 대상으로 처음 등장한 것은 2016년, 데이비드 컴버배치를 주연으로 한 스콧 데릭슨 감독의 카메라를 통해서였다.

마블코믹스의 슈퍼 히어로들은 결점을 가진 캐릭터들인 경우가 많다. 군수산업으로 제3세계 분쟁을 부추겨 쌓은 재산을 물려받고 갈등하는 아이언맨, 가난한 가정환경으로 또래들에게 왕따당하는 스파이더맨, 허약하게 타고난 몸으로 마음만 강건해서 번번이 놀림감이 되는 캡틴 아메리카, 자신 안의 또 다른 자신인 통제할 수 없는 괴물로 인해 스스로를 고립시키고 도망자로 살던 헐크, 냉전시대에 동서를 넘나들며 정보를 팔다가 전쟁이 아니라 평화를 위해 헌신하게 된 블랙 위도우처럼 닥터 스트레인지도 처음부터 영웅인 것은 아니었다.

군수 재벌 토니 스타크가 중동에 무기를 팔러 갔다가 현지 테러 집단에 납치되고서야 자신의 재력이 지구 곳곳에 분쟁과 테러를 통해 벌어들인 피 묻은 돈이라는 것을 깨닫고 테러를 막기 위해 아이언맨으로 거듭났듯이, 외과의사로 이름을 날리던 스티븐 스트레인지가 마법사 닥터 스트레인지가 되기까지는 시련과 극복의 과정이 필요했다.

1963년에 '마블 슈퍼 히어로 붐'을 타고 『이상한 이야기Strange Tales』 110권에서 등장한 이상한 박사, 닥터 스트레인지는 원래는 호러 무비를 모델로 한 인물이었다. 그러다 보니 초창기의 닥터 스트레인지는 기괴한 인물로 그려졌다. 사람을 깔보면서 의심도 많은 데다 동료를 아무렇지 않게 이용하고, 사람들에게는 함부로 명령조로 거들먹거리며 '굉장히 수상하고Strange 위험한 놈'이란 이미지로 표현하는 동시에 몽환적이고 철학적인 듯하면서도 '병맛' 캐릭터로 그려진 만화는 일부 열성 팬들로부터 그래픽 노블로 탐독되기는 했지만 꾸준히 이어지지 않고 단종되었던 캐릭터였으니 블록버스터 영화로 만들어지는 것을 걱정할 만도 했다.

이때만 해도 닥터 스트레인지의 정체는 불제자가 아니라 서양에서 전승되는 이야기 속의 마법사가 현대 의학과 만나 빚어낸 인물, 생명을 중시하는 의사가 아니라 자신의 의술에 대한 오만한 자신감으로 남들에게 경원시되는 인물이었다. 이런 캐릭터는 미국인들이 동양의 정신문화에서 대안을 찾았던 1960년대의 낡은 시대적 산물로서,

아시아를 백인 영웅의 내적 자아 발견을 위해 존재하는 신비로운 땅으로 바라보는 타자화 시선에서 벗어나지 않는다는 혹평을 받기까지 했다.

그렇게 20세기의 낡은 책꽂이 안에 코믹스의 고전으로 남아 있던 인물이 스크린을 통해 21세기 영화 시장의 주인공으로 등장했을 때 이런 우려를 딛고 대중은 이 이상한 박사에게 열광하게 되었다. 그렇게 된 데는 어마어마한 제작비와 첨단 영상기술을 통해 만들어진 화려한 영상효과뿐만 아니라 원래 괴팍하고 모난 인물이 타고난 천재성과 마법 능력으로 선량해져서가 아니라 우월감을 과시하기 위해 활약하던 설정에서 그런 인물이 어떻게 영웅으로 거듭나게 되는가에 대한 영화적 각색이 인물에 대한 공감과 기대를 이끌어 낸 덕이 클 것이다.

60년대 인물이었던 설정을 걷어 내고, 영화에서 히어로가 되기 전의 스티브 스트레인지는 천재라고 불리며 현대 의료 시장에서 뛰어난 수술 실력을 가진 신경외과 전문의로서 최고급 스포츠카 람보르기니를 타고 다닌다. 그는 생명을 구하기 위해서가 아니라 자신의 명망을 과시하기 위해 수술을 집도하는 오만하고 까칠한 성격의 의학계 셀러브리티로서의 속물로 그려진다.

그러던 스티븐 스트레인지가 느닷없는 교통사고로 손을 크게 다치게 된 건 한순간이었다. 지금까지의 그를 유명하게 만들었던 것은 뛰어난 수술 실력이었고, 손은 그 수술을 제대로 실행해 내는 최고의 도구였다. 외과의사 스트레인지에게 손은 가장 든든한 자산이었던 것이다. 즉 몸 자체가 도구화된 스트레인지라는 인물을 만들어 왔던 것은 의사로서의 사명감이 아니라 자신의 몸으로 벌어들이고 쌓아 놓은 물질이었던 것이다. 사실 현대 의료계에서 적지 않은 의사들이 소명보다 돈을 우선하는 일을 당연시하고 있으니 아주 현실적인 캐릭터로 등장한 것이다.

손을 다쳐 수술을 할 수 없게 된 스트레인지는 모든 것을 잃어 가게 된다. 심지어 자신을 치료해 준 동료 의사에게도 폭언을 퍼붓고, 사랑하는 마음으로 다가오는 연인에게조차 열등감으로 분노를 폭발시키며 스스로 무너져 내린다.

스트레인지가 찾는 것은 오직 하나, 과거의 자신에 대한 반성이 아니라 손을 치유하는 것이다. 그러면 잃었던 것들을 도로 가질 수 있다고 믿기에. 그렇게 찾고 좌절하고, 찾고 좌절하기를 거듭하던 어느 날, 재활 치료사로부터 걸어다니는 게 불가능한 척추 부상을 입었지만 다시 걷는 것에 성공한 남자가 있다는 이야기를 듣고 척추를 완전히 치료했다는 남자를 찾아간다. 그런데 하필 그는 과거에 스트레인지가 치료를 거부했던 환자였고, 남자는 스트레인지를 냉대한다. 그러나 자신의 떠는 손을 보여 주며 치료에 대한 간절함을 호소하는 스트레인지에게 그는 마침내 카마르 타지라는 네팔의 사원에서 수련을 하고 나아졌다고 알려 준다. 철저한 현실주의자였던 스트레인지는 처음에는 그 말을 믿지 않지만 결국은 전 재산을 다 털어 네팔로 향한다.

네팔 카트만두에서 강도도 만나고, 돈도 다 잃고, 폭력에 만신창이가 되도록 카마르 타지를 찾아 헤매는 비참한 여정 끝에 마침내 스트레인지는 카마르 타지의 제자로부터 도움을 받아 에인션트 원ancient one이라는 스승을 만나러 카마르 타지에 발을 디디게 된다. 카마르 타지는 티베트 밀교를 바탕으로 한 도량이고, 거기서는 많은 제자들이 에인션트 원의 인도를 받으며 세계를 지배하는 악의 세력에 맞서 싸우며 고대로부터 내려오는 지혜와 무예, 마법 등을 수행하고 있었다. 원작에서 '태고로부터의 일자'라는 뜻의 에인션트 원은 티베트 노인이었으나 영화에서는 가냘프면서도 강단 있는 백인 여성인 틸다 스윈튼이 주홍색 승복을 입고 머리를 삭발한 승려의 모습으로 배역을 맡았다.

수행이 아니라 치료가 목적인 스트레인지에게는 오직 육체가 중심이다. 그런 스트레인지의 영혼을 육체로부터 벗어나게 만들어 멀티버스라는 광대무변한 세상을 보게 하고, 주문을 외워 마법을 행하는 기적에 기대게 하지 않고 우주의 질서에 순응하고 그 흐름을 따르는 수행을 하라는 에인션트 원의 가르침은 불만스럽기만 하다. 생각보다 수행을 잘 따라가지 못하는 핑계를 자신의 불구가 된

손 탓으로 돌리는 스트레인지에게 에인션트 원은 아예 손이 하나 없는 마스터의 시범을 보여 주며 마음공부가 수련의 핵심이라는 것을 일깨워 준다.

그리고 이런 수련의 궁극의 정점은 자신을 치유하는 것이 아니라 시간의 흐름을 지키는 것이다. 이런 흐름을 거스르는 대립자들은 죽음을 거부하고 영생을 추구하거나, 세상을 자신의 지배 아래 고정시키려 하는 자들이다. 이들과 맞서 하나하나 극복해 가는 과정에서 스티븐 스트레인지는 불제자로서의 최강 마법사 닥터 스트레인지로 거듭나게 된다.

모든 것은 흘러가고, 생이 있으면 죽음도 있으며, 시간은 굴레가 아니라 흐름이기에 지배하는 것이 아니라 그 흐름을 따라가는 것이요, 자신을 위해서가 아니라 그 흐름을 지키기 위해 수행하는 자가 된 닥터 스트레인지는 마침내 모든 것을 초월하는 깨달음을 얻게 된다.

그전까지 마블 시네마틱 유니버스에서 크게 다뤄지지 않았던 초자연적 세계와 여러 차원과 시공간을 넘나들며 현실 조작 및 포털 생성, 유체 이탈, 차원 이동, 염력 등을 선보이는 닥터 스트레인지의 능력은 과학적인 사고를 넘어선다. 스콧 데릭슨 감독이 "보통 영화들에서는 과학과 초자연적인 시각이 서로 대립한다. 하지만 나는 제3의 옵션을 생각했다. 만약 과학이 끝나는 곳에 또 다른 가능성이 있다면? 닥터 스트레인지는 의사이므로 그가 계속 과학자로서 세상을 보는 방식을 지키면서 동시에 과학의 경계를 넘어 초자연적인 가능성을 받아들임을 보여 주고자 했다."고 설명하듯이 〈닥터 스트레인지〉는 불교를 앞세우지 않고도 불가의 가르침을 대중적인 방식으로 오락물 안에서 설명하는 흥미로운 영화다. 그리고 영화와 캐릭터의 성공에 힘입어 닥터 스트레인지는 〈어벤져스〉 시리즈에서 우주를 괴멸시키려는 죽음의 힘에 대항하는 열쇠를 쥔 인물로 합류한다. 그리고 거기서도 육체를 포기하고 시간의 흐름을 따라 마침내 세상과 자신을 구원하는 역할을 하게 된다.

애도조차
할 수 없는 무거움

눈꺼풀(2016)

세상에서 가장 무거운 것은?

답을 들으면 누구나 '아하!' 바로 고개를 끄덕인다.

바로 눈꺼풀.

굳이 따로 떼어 무게를 재 보지 않아도 무게랄 것도 없이 얇고 가벼워 정상적인 사람들은 1분에 10번에서 15번은 깜박이지만, 자기가 내렸다 올리는 것조차 깨닫지 못하는 그 가벼운 살갗 한 부위가 내려앉는 것을 이기기란 얼마나 어려운가? 교실에서 선생님이 시험에 나온다는 어렵고 중요한 내용을 설명하시는데도 저절로 스르르 내려앉고, 나랏일 다루는 국회에서 국민의 대표로 책임과 권한을 위임받은 국회의원들이 방송사 카메라가 자기 모습을 비추는 것을 알면서도 치켜올리지 못해 꾸벅꾸벅 조는 모습으로 망신을 당하게 만드는 그 눈꺼풀. 오죽하면 고문 가운데 가장 참을 수 없는 것이 잠을 못 자게 하는 것이란다. 온갖 매타작을 다 이겨 낸 사람들이 지은 죄든 짓지 않은 죄든 결국은 시키는 대로 자기가 했다고 끄덕이게 만든다는 그 눈꺼풀. 스스로를 넘어서지 않고는 들어올리기 불가능한 가벼운 살 조각의 무거움.

공부가 깊고 의지가 굳은 스님들의 어깨를 죽비로 내려치는 것도 눈꺼풀의 무게를 혼자는 이겨 내지 못하기 때문이다. 그래서 눈을 부릅뜬 달마 대사의 모습은 스스로의 한계를 이겨 내고 깨달음을 얻은 존재의 상징으로 불자가 아닌 사람들에게도 잘 알려져 있다.

달마대사는 인도에서 27대 반야다라 존자에게 불법

을 전수받은 뒤 불교정법을 전수하기 위해 중국으로 건너간 보리달마를 대중적으로 줄여 부르는 이름이다. 달마대사는 선한 행위로 공덕을 쌓는 것만으로는 해탈과 구원에 이를 수 없다며 숭산 소림굴로 들어가 벽을 마주하고 앉아 9년 동안 잠도 자지 않고 용맹정진하며 불법을 수행했는데, 선정에 드는 도중에 계속 잠이 오자 절대 눈을 감을 수 없도록 속눈썹을 모조리 뽑았단다. 그래도 잠이 오자 스스로 손톱으로 눈꺼풀을 잘라내 버려서 그토록 부리부리한 모습이 되었다고 한다.

달마대사가 눈꺼풀을 던진 뜰에서 신기하게도 나무가 자라나더니 나뭇잎이 바람에 스칠 때마다 은은한 향기가 감돌기에 그 나무의 잎을 따서 달여 마셨더니 더는 잠이 오지 않아 맑은 정신으로 수행에 전념할 수 있게 되었다며 절에서 차를 마시게 된 이야기도 전해진다.

영화 〈눈꺼풀〉은 이 달마 대사의 이야기로 시작한다. 바다 위 작은 배에 타고 있던 사람들이 빨간 가방을 바다에 밀어넣고 사라지면 〈눈꺼풀〉이라는 영화의 타이틀이 나오고, 캄캄해진 화면에 노인의 내레이션이 흐른다. 달마가 동굴에서 참선을 하는데 졸음이 쏟아지자 눈꺼풀을 도려내며 잠을 쫓았다는 노인의 읊조림은, 아무 빛도 없는 어두운 상태에서 앞으로 이 영화에서 관객들에게 눈꺼풀의 무게를 이겨 내야 할, 수행의 한계를 넘어서야 할 어떤 사태가 벌어지리라는 것을 알려 주는 목소리다. 차차 화면이 희미하게 밝아지면서 "심하게 앓아누워 사흘째 천장만 바라보고 있다. 이제 뭐라도 좀 해야 하지 않겠나."라는 노인의 말로 영화가 시작된다.

뱀, 염소 같은 짐승들 말고는 가족도 벗도 없는 외딴섬에서 혼자 사는 노인은 비바람과 함께 낚시꾼이 찾아오자 떡을 만들어 준다. 정성스럽게 절구에 쌀을 찧고, 시루에 쪄서 제기 위에 떡을 올리고 바닷가에서 굿을 벌인다. 낚시꾼은 그 떡을 집어 먹고는 사라져 버린다.

달마의 이야기로 시작했지만 노인이 사는 곳은 절도 아니고, 불경으로 영가를 이끄는 일을 하는 것도 아니다. 노인이 신령한 힘으로 법력을 보이는 것도 아니다.

그러니까 이 섬은 우리가 사는 세계, 현실의 어떤 구체적인 공간이 아니다. 이승과 저승 사이 어디메, 삶을 떠난 사람들이 노인이 빚은 떡과 길어 준 물을 먹고 피안으로 떠나는 길목에 있는 곳, 아직 자신이 죽었다는 것을 깨닫지 못한 존재들에게 삶의 양식을 주고 죽음으로 갈 기운을 북돋아 주는 곳이다. 그러니 노인은 침착하고, 누군가 왔다가 가면 그저 맞았다가, 내주고 떠나면 또 그런가 보다 하는 평정심을 잃지 않는 존재, 인도자일 것이다.

노인이 파도에 떠밀려 온 물건들을 주워서 온 집에는 이런저런 잡동사니들이 쌓여 있다. 어느 순간 영화의 맨 처음에 등장한, 바다에 버려진 빨간 여행 가방이 그 섬 바닷가에 닿는데 짝짝이 신발도 주워다 놓던 노인은 이 빨간 가방만은 도무지 거두려 하지 않는다. 뭐가 꺼림칙한지 갖다 버린다. 그런데 아무리 갖다 버려도 이 가방은 자꾸자꾸 돌아온다. 막상 열어 보면 바닷물만 가득하다.

여행 가방이란 모름지기 여행을 가서 하려는 일을 위한 기대를 담은 물건들이 담겨 있거나, 여행에서 얻은 경험과 기억을 되살리는 기념품 같은 것들로 채워져 있어야 하는데 아무것도 담겨 있지 않은 이 빨간 가방은, 그러니까 실패한 여행의 상징처럼 보인다.

빨간 여행 가방이 섬에 닿은 즈음에 쥐 한 마리가 바다를 헤엄쳐 건너와 섬에 오른다. 그리고 라디오에서는 세월호 침몰 뉴스가 나온다. 어쩌면 그 쥐는 난파선에서 탈출해 온 것인지도 모른다. 쥐가 섬에 들어오고부터 노인은 잠을 설치게 된다. 쥐가 밤새 달그락거리며 헤집고 다녔기 때문이다.

잠을 제대로 이루지 못한 노인의 일상이 자꾸만 어그러진다. 끊임없이 전화벨이 울리는데 노인이 받을 만하면 끊어지고, 노인이 자리를 비우면 또 울린다. 그러기를 몇 번, 불안하고 어수선한 상황에서 마침내 전화를 받고 뭔가 안 좋은 소식을 듣는 동안, 노인의 방을 헤집고 돌아다니던 쥐가 심지어 노인이 세상 소식을 듣던 라디오를 망가뜨린다. 참다 못한 노인이 쥐를 잡으려고 떡 찧는 절굿공이를 휘두르다 부러뜨릴 정도로 이제 섬은 평정을 잃고 불안한 기운으로 넘실거린다.

하필 이즈음 섬에 사람들이 찾아온다. 웃음기 없이 허하게 보이는 선생님과 앳되지만 생기 없는 학생들. 노인은 이들에게도 떡을 만들어 줘야 하는데 이미 절굿공이는 쥐를 잡으려다 부서져 버렸다. 부서진 절구공이 대신 노인은 무엄하게도 불상의 머리로 쌀을 찧는다.

그런데 아뿔싸! 불상은 부서지고, 절구는 깨져 버린다. 하필 섬에 하나밖에 없는 우물은 죽은 쥐가 빠져 썩은 내를 풍긴다. 떡을 먹기는커녕 물 한 모금도 마시지 못한다. 섬은 죽음의 기운이 가득하다. 반짝이던 풍뎅이는 말라 죽어가며 배가 뒤집혀 바들거리고, 염소도 생기를 잃는다.

심지어 노인은 남학생을 보고 화를 내기까지 한다. "누구니?" 하며 역정을 내는 노인의 물음은 학생에게가 아니라 그들을 섬으로 이끈 상황 자체에 대한 분노다. 선생님도 학생들도 아무런 대답을 할 수가 없다.

떡을 해서 먹여야 이들이 길을 떠날 수 있는데 이미 절굿공이는 부서져 버렸고, 부처의 힘으로라도 떡을 치려 했더니 그마저도 부서져 버렸다. 자연의 섭리를 따르는 노인의 절구로도, 자연을 넘어 중생을 이끄는 부처의 머리로도 섬을 찾은 선생님과 아이들이 이승을 떠나 저승으로 가야 한다는 것을 받아들일 수 없기 때문일 것이다. 그들의 죽음은 그러니까 어긋난 죽음, 저승조차 받아들일 수 없는 사태인 것이 아닐까?

선생님과 아이들에 앞서 밀려온 빨간 여행 가방은 아마도 선생님과 아이들의 가방이었을 것이고, 거기에 아무것도 없이 바닷물만 담겨 있는 것은 그들이 여행을 가려다 끝내 가지 못하고 물에 빠져 죽었기 때문일 것이다.

그러니까 이 영화 〈눈꺼풀〉은 우리 모두가 납득하지 못한 죽음, 바로 세월호 이야기를 화두로 삼은 작품인 것이다. 영화를 만든 오멸 감독은 제주 4.3 사건을 다룬 영화 〈지슬: 끝나지 않은 세월 2〉(2012)에서 당시의 참혹한 상황을 제주 설화와 역사적 사실을 교차하는 영화적 씻김굿으로 만들어 억울하게 학살당한 원혼들을 위로하고 그 아픔을 예술과 애도, 성찰이 깃든 작품으로 완성해 선댄스 영화제에서 한국영화 최초로 심사위원대상을 수상했다.

2014년 세월호 참사가 일어나던 때, 다른 영화를 준비 중이었던 오멸 감독은 준비 중이던 영화를 미루고 영화 스태프들 몇 명과 함께 무인도에 들어가 두 달 동안 〈눈꺼풀〉을 찍었다. 숙소도 없는 곳에서 캠핑을 해 가며 만들어진 영화는 완성되고도 당시 정치적 상황에서 발표될 수 없었다가 2017년에야 부산영화제를 통해 소개될 수 있었다.

영화 말미에 노인은 새 절구를 만들기 위해 산에 올라 망치로 돌을 깨려 하지만 그 망치마저 부러진다. 마침내 노인은 깨진 절구를 쥐가 죽어 썩어들어가는 우물에 던져 버린다. 절구를 던지며 "나무아미타불 관세음보살"이라고 되뇌는 노인의 목소리는 도저히 납득할 수 없는 죽음, 그 죽음을 이끌어야 할 자신이 아무리 해도 그 일을 해낼 수 없다는 고백과도 같다.

그렇게 우물에 버려진 절구는 깊고 깊은 바닷속으로 가라앉아 무시무시한 소리를 내며 바닷속을 굴러다닌다. 암담하고 절망적인 그 순간, 화면에 아이들의 재잘거리는 목소리가 들리는 세월호의 선창을 보여 준다. 그때, 바닷속 깊은 곳에서는 거대한 불상이 일어난다. 바닷속에서 서서히 일어나는 불상 앞에 세월호가 놓이는 순간 얼굴을 살짝 옆으로 돌리는 불상이 눈을 부릅뜬다. 그 눈과 관객의 눈이 마주치는 딱 그 찰나에, 영화는 끝이 난다.

〈눈꺼풀〉은 그렇게 세월호 참사와 납득할 수 없는 죽음 앞에서 그 죽음을 함부로 애도하고 받아들이지 말라고 우리를 일깨운다. 나무관세음보살.

2014년 4월 16일,
당신은 무엇을 하고
있었나요?

당신의 사월(2019)

2021년 4월 16일 4시 16분, 영화계에서는 특별한 상영이 이루어졌다. 한국 영화산업에서 대표적 멀티플렉스 상영관인 CGV와 롯데시네마에서 전국 여러 극장에서 동시에 〈당신의 사월〉(주현숙 감독)을 상영한 것이다. 2019년 부산국제영화제에 이어 2020년 DMZ 국제다큐멘터리 영화제를 비롯한 여러 영화제를 통해 상영되었던 이 영화는 세월호가 우리 자신에게 어떤 아픔, 어떤 상처인지를 찬찬히 짚어 보자고 손을 내미는 영화다.

"슬픔에는 무게가 없겠구나 생각되는 순간들이 있었다. 세월호 참사에 대한 이야기를 나눌 때 종종 서로가 준비 안 된 눈물을 보일 때가 있다. 참사의 목격자도 당사자일 수 있지 않을까 하는 질문으로 영화는 시작됐다. 영화가 다루고 있는 5년의 시간 동안 슬픔을 말할 수 없었던 목격자는 정체를 알 수 없는 슬픔의 덩어리를 가지고 있었다. 덩어리를 시간의 축으로 나누고 기억의 장면으로 재구성해 5년을 들여다본다. 화자는 당혹, 죄책감, 분노, 무기력 그리고 설명할 수 있는 언어가 없는 시간에 대해 이야기한다. 슬픔을 이야기하면서 목격자는 당사자이자 생존자가 된다. 외롭게 각자 그날 이후를 버텨 낸 사람들이 공감이 주는 위로의 힘을 감지하길 바란다." 주현숙 감독은 '당신'이라고 부르며 우리들을 공감의 스크린으로 초대한다.

이 영화를 보기 전에, 그러므로 먼저 나는 '2014년 4월 16일, 당신은 무엇을 하고 있었나요?' 라는 영화의 질문에 대답하고자 한다.

그날은 한 대학에 강의가 있는 날이었다. 학교에 갈

준비를 하는 동안 TV를 켜 놓고 있었는데, 수학여행을 떠난 학생들이 단체로 타고 있는 배가 사고를 당해 구조 중이라는 속보가 나오면서, 바다에서 한쪽이 기울어져 있는 커다란 배와 구조를 위해 해경이 출동 중이라는 화면과 보도는 비현실적이었다. 사실 그때까지만 해도 걱정은 되었지만 사고가 접수되고 구조대가 출동했으니 이제 구조가 얼마나 빨리 완수되느냐가 문제려니 생각했다.

집을 나서서 학교까지 가는 내내 라디오 뉴스에 귀를 기울이며, 남인 나도 이렇게 애가 타는데 가족들은 얼마나 걱정이 클까, 손쓸 새도 없이 침몰되어 청년 장병들이 생목숨을 잃은 천안함 사건에 비하면 이렇게 뉴스에도 나오고 전 국민이 지켜보는 가운데 알려져서 구조 중이니 다행이다 싶은 마음에 새삼 천안함 장병들의 명복을 빌었다. 라디오에서는 최초로 사고를 신고했다는 학생의 통화 내용이 목소리 그대로 생생하게 전해졌다. 참 좋은 나라, 좋은 세상이구나, 바다 한가운데서도 통신이 되니 얼마나 다행이야, 학생들이 전화를 가지고 있으니 신고도 바로 하고 구조도 빨리 되겠구나 생각했다.

막 학교에 도착하는데, '전원 구조'라는 보도가 나왔다. 그럼 그렇지, 우리나라가 어떤 나라인데, 다행이다, 참 다행이다, 생각하며 강의실에 들어섰다. 강의실에 앉아 있는 학생들이 어수선하게 뉴스 얘기를 하고 있는 걸 보고, "여러분, 전원 구조되었답니다. 그러니 모두 손전화 끄고, 집중합시다."라고 얘기하니 모두들 밝게 웃었다.

그 강의는 영화 과목이어서 자료화면을 보느라 강의실 조명을 끄고 3시간 동안 외부와 접속이 없는 상태로 강의를 마쳤다. '전원 구조'라는 소식에 배가 어찌되었는지는 관심이 없어지고, 그냥 영화와 역사와 미학 얘기에 집중한 3시간을 보내고 메일함을 확인하려고 강의 내내 꺼 놓았던 손전화를 다시 켜고 보니, 숨이 안 쉬어졌다.

오보였다고? 전원 구조가 아니라고? 간절히 한마음으로 구조를 바라며 뭐라도 했어야 할 3시간 동안 난 뭘 한 거지? 손전화 켜지 말라고 수강생들까지 막아 놓고 한 강의가 도대체 무슨 의미가 있는 거지? 오보를 전한 언론사보다도, 여태 구조도 제대로 못하고 있는 정부 당국보다도 스스로를 용서할 수가 없었다. 그 이후, 어떻게 학교를 나서서 집으로 돌아왔는지 기억이 나지 않는다.

그로부터 이틀이 더 흐르는 동안, 처음 구조 요청이 있고서 72시간이 흐르는 동안, 배는 완전히 가라앉았다. 전 국민이 지켜보는 가운데.

'가만히 있으라'는 지시에 따르느라 가라앉아 가는 배에서 탈출할 기회마저 놓친 아이들이, 아이들을 구하느라 자신을 돌보지 못한 선생님과 승무원들이, 그리고 어른 승객들이 희생되는 과정을 전 국민은 실시간으로 지켜보아야 했다.

참담하다는 말로도 부족한 이 재난은 사람이 저지르는 잘못들이 얽히고설키면 어떤 참사를 일으키는지를 너무도 무시무시하게 드러내 보인 참사였다. 4월 16일 세월호 참사 발생 직후 조계종은 바로 진도 현지에 긴급구호봉사대로 나서서 실종자와 희생자 가족들을 위한 구호활동과 지원활동을 펼쳤다. 진도군실내체육관과 진도 팽목항에 임시법당을 마련하고 희생자들의 극락왕생과 실종자들의 귀환을 기원하며 세월호의 슬픔을 함께 나눴으며, 전국 주요 사찰과 지역 불교계에서는 분향소를 마련하여 희생자들을 추모했다. 축제처럼 치러 오던 부처님오신날 연등회와 봉축법요식은 추모 분위기 속에서 엄숙하게 봉행했다.

그러고도 오랫동안, 그러니까 지금까지도 세월호에 대한 추모는 아직 다할 수 없는 현재진행형으로 남아 있다. 그 장면을 지켜본 우리들 모두와 사고 이후 벌어진 어둡고 추악한 정치, 사회, 언론이 뒤얽힌 아수라장은 사회 전체를 후벼 팠고, 상처를 보듬는 대신 헤집었으며, 지금까지 대충 눈감고 지나쳐 온 잘못들을 낱낱이 드러내면서 '가만히 있으면 절대로 안 된다'고 한국 사회 전체를 일깨웠다.

실종자 가족 가운데는 천도를 위한 유해조차 찾지 못한 분들이 아직 있고, 유가족들은 여태 제대로 된 사고의 원인과 책임에 대한 설명을 듣지 못하고 있다. 그분들만 고통스러운 것이 아닐 것이다. 그때부터 교복 입은 아이들만 봐도 울컥하고 바다를 보는 것만으로도 철렁하게 된 우리들 각자에게 여전히 참담함은 고이고, 곪고, 흉터가 되어 있다.

그러나 실종자 가족도 아니고, 유가족도 아니고, 사고

에서 간신히 살아나온 승객도 아닌 대부분의 '우리들'은 그 아픔을 제대로 들여다보거나 꺼내 놓을 수가 없었다. 안타깝고 고통스럽지만 당사자가 아니라는 미안함 때문에.

〈당신의 사월〉은 미안해하지 말라고, 우리 모두가 바로 세월호 참사로 상처받은 '당신들'이라고, 그러니 각자의 아픔을 나누고, 손잡고, 안아 주자며 평범한 사람들이 드러내는 속내를 귀를 열고 들어준다.

우리 가운데 한 사람인 평범한 이들이 하나하나 그날 이후의 자신을 이야기하는 가운데, 그들 사이에 나와 당신이 있다. 기울어 가는 배를 바라보며 안타까워하던 교사, 대통령을 만나러 청와대로 걸어가는 유가족들이 지나가는 길에서 따뜻한 물이라도 한 잔 건네려던 카페 사장, 온갖 비난과 오해를 받는 유가족 곁을 지키며 버텨 온 인권 활동가, 사고 해역에서 그물을 걷다 여학생의 시신을 수습했던 진도의 어부, 수험생으로서 당시에 그저 뉴스를 바라보다 이제는 대학생이 되어 기억교실에서 봉사하는 청년.

그때부터 지금까지 어떤 오해와 어떤 공감이 있었는

지, 그 과정에서 자신은 어떻게 느끼고 살아왔는지, 아직도 마음에 남은 응어리는 무엇이며 세상이 어떻게 나아지기를 바라는지를 나직나직 풀어놓는 출연자들 속에 내가, 우리가 있다.

선생님은 학생들과 수업하면서 세월호를 학생들이 스스로 판단하고 질문하도록 하며, 희생자 가족들에게 따뜻한 물 한 잔 건네는 봉사를 하려던 카페 사장은 오히려 세월호 문제를 해결하라고 촛불을 든 시민들에게 희생자 가족들이 직접 4천 160그릇의 밥을 지어 대접하는 자리를 함께 한다. 유가족에게 쏟아지던 온갖 악다구니를 함께 감당해 온 활동가는 이런 일들 안에서 인권은커녕 일상 자체가 얼마나 망가지는지를 알려 준다. 고기 잡으러 갔다가 단원고 박지성 학생의 유해를 건져 올린 어부는 학생의 아버지와 친구가 되어 함께 어구를 나른다. 지성이를 아버지 곁으로 보내 주고 나서부터는 바다에 나갈 때 지성이가 지켜 주겠거니 든든해진다는 어부에게서 부처의 마음을 보게 된다. 또래들이 깊은 바다 속에 가라앉는 상황에서도 입시를 준비하느라 죄책감을 느꼈던 학생은 단원고 희생자들의 기억교실이 철수되고 다른 곳에 보관되는 상황에서 학생들의 기록들을 하나하나 보존하고 정리하는 봉사자가 되어 자신의 자리에서 할 수 있는 일을 찾는다. 이들이 들려주는 이야기 안에서 관객들은 '아, 나도, 당신도 모두 당사자였구나. 우리 서로 위로하고, 해결하고, 힘이 되어야겠구나'라고 깨닫게 될 것이다.

'개인적 차원에서는 인간의 탐욕과 욕망이, 사회적 차원에서는 공동체 정신의 파괴가 세월호 참사를 불러 일으켰다'고 짚어 내고 세월호 사건의 근본적인 원인을 고민하고 성찰하는 자세가 필요하다고 말씀하신 법안 스님은 "개인들이 진지하게 자신의 삶을 돌아볼 수 있도록 돕는 종교의 역할이 중요하다"고 당부했다. 〈당신의 사월〉을 보는 것은 바로 이 당부를 따르는 일이 될 것이다.

다섯 살 어린아이의 마음으로 지키는 불심

오세암(2002)

눈이 쌓인 겨울, 바위와 어우러진 산세가 아름다운 산, 설악산雪嶽山에는 절도 많고 암자도 많다. 높고 깊은 산에는 골마다, 봉우리마다, 바위마다 사연이 쌓인 자리가 많기도 하다. 설악산에도 굽이굽이 많고 많은 이야기가 전해져 오는데 백담사에서 마등령 사이의 옛이야기를 간직한 오세암은 특히 관세음보살이 지켜준 어린아이에 대한 이야기가 널리 알려진 곳이다. 그 내용이 하도 애틋해서 정채봉 작가의 동화로 쓰여졌고, 또 이 동화는 만화로도,

영화로도, 애니메이션으로도 만들어져 많은 독자와 관객들의 마음을 울리는 작품으로 남았다.

원래 선덕여왕 시대인 643년 자장 율사가 지었다는 오세암은 처음 지어진 당시에는 관음암觀音庵이라고 불렸다가 '불법을 깨우친 다섯 살 어린아이가 지킨 암자'라는 이야기가 유명해지면서 후대에 오세암으로 바뀌었다고 한다.

전설은 이렇다. 신라 시대, 설악산 깊은 곳의 암자에서 수행을 하던 설정이란 스님이 얼핏 잠이 들었는데 꿈속에서 관세음보살이 나타나 설정 스님에게 어서 마을로 가보라고 얘기를 했다. 설정 스님이 꿈에서 깨자마자 서둘러 자신이 살던 마을을 찾아갔더니 마을에 사람들이 한 명도 없더라는 것이다. 지나가던 사람에게 까닭을 알아보니 마을에 전염병이 크게 돌아 마을 사람들이 모두 죽었다는 것이다. 그런데 병이 돌아 마을 사람이 다 죽었다는 소식을 전해 준 사람은 어린 남자아이 하나가 그 재난 가운데 혼자 살아남았더라는 얘기를 덧붙이더니 제 갈 길을 다시 가더란다.

설정 스님은 어린 남자아이란 말에 놀라 자신의 형이 살던 집으로 달려갔더니 겨우 세 살 난 스님의 조카가 바로 그 살아남은 아이였단다. 설정 스님은 관세음보살이 조카 아이를 지켜 주었다고 생각하고 부모를 잃은 어린 조카를 자신이 수행하던 깊은 산속의 암자로 데려갈 수밖에 없었다. 아이가 다섯 살이 되도록 암자에서 지내던 어느 날, 양식이 다 떨어져 스님은 어쩔 수 없이 산 아랫마을로 양식을 구하러 가야 했다. 혼자 조카를 두고 떠나면서 스님은 아이에게 "혼자 있는 것이 무섭거든 관세음보살님의 이름을 외우며 지내거라."라고 일러 주고 길을 나섰다. 그런데 스님이 산을 내려가서 양식을 구해 되짚어 돌아오려던 시기에 하필 설악산에 엄청난 폭설이 내려서 스님은 발이 묶여서 도저히 암자로 돌아갈 수 없었다. 애면글면 어린 조카를 걱정하던 스님이 봄이 되어서 눈이 녹고 길이 풀리자마자 어린 조카가 이미 죽었을 거라고 짐작하고 무거운 마음으로 서둘러 암자로 올라갔더니 놀랍게도 아이가 멀쩡하게 살아 있었다는 것이다. 깜짝 놀란 스님에게 조카가 관세음보살이 때마다 찾아와 보살펴 주었다고 말하자 스님은 관세음보살의 가호에 감동해 암자의 이름을 오세암으로 바꾸게 된 것이다.

오세암이 있는 자리는 등산로가 많이 다져진, 지금도 길이 험하고 골이 깊어 쉽게 가기 힘든 곳이다. 스님과 어린아이 둘이 지냈다던 작은 암자가 아니라 큰 법당도 있고, 참배객뿐 아니라 산행길을 오가는 사람들이 다리 쉼도 하고 공양도 할 수 있는 넉넉한 곳이지만 눈이라도 크게 오는 겨울날이면 다니기 쉬운 곳이 아니다.

정채봉 작가가 이 이야기를 바탕으로 엮은 동화에서는 아이가 스님의 조카가 아니라 떠돌이 거지 아이라는 뜻을 담은 길손이로 바뀌었고, 길손이 혼자가 아니라 누나도 있는데 앞을 보지 못하는 누나의 이름은 눈을 감았다고 해서 감이다.

동화에서 길손이와 감이 오누이는 부모를 잃고 떠돌다 우연히 만난 스님의 도움으로 근처 절에서 허드렛일을 하며 머물게 됐는데 어린 길손이의 말썽이 수행에 방해가 된다고 다른 스님들이 하도 불평을 하자 하는 수 없이 길손이만 문둥병에 걸려 혼자 지내던 스님이 죽었다는 오래되어 낡고 허름한 암자로 데려가서 지내게 된다. 암자 골방에는 관세음보살의 탱화가 걸려 있었는데 길손이는 관세음보살에게서 엄마의 모습을 찾는다.

스님이 길손이만 암자에 두고 마을로 탁발하러 내려갔다가 돌아가는 길에 큰 눈이 내려 길이 막히자 스님은 어린 길손이가 걱정되어 어떻게든 암자로 돌아가려 했으나 미끄러져 정신을 잃게 된다. 겨우 마을 사람들에게 구조되어 두 달 가까이 발이 묶였다가 겨울이 다가고 눈이 녹아 길이 트이자 절에 있던 감이와 함께 길손이가 살아 있지 못하리라 걱정하며 부리나케 달려간 암자에서는 놀랍게도 목탁 소리와 함께 '관세음보살, 관세음보살' 소리가 흘러나오고 있었다. 그러더니 멀쩡하게 살아 있는 길손이가 법당 문을 열고 나와 "엄마가 오셨어요. 배가 고프다 하면 젖을 주고 나랑 함께 놀아 주었어요."라는 놀라운 얘기를 전하고 그 순간 하얀 옷을 입은 여인의 모습을 한 관세음보살이 나타나 길손이를 품에 안고 함께 하늘로 올라가

더니 감이의 눈이 열리는 기적이 일어난다. 이렇게 길손이는 열반에 들었고, 암자는 다섯 살 어린아이가 부처가 되었다는 전설로 명물이 되면서 '오세암'으로 불리게 되었다는 것이다. 그리고 오세암에는 세속적인 성공과 욕망을 바라는 사람들이 기도를 하러 찾아온다는 동화의 결말은 단지 관세음보살의 기적을 전하던 옛이야기에서 더 나아가 스님은 스님대로, 불자들은 불자들대로, 가족은 가족대로, 또 사회는 사회대로 소외된 어린 이웃을 대하는 우리의 모습을 돌아보게 한다.

이렇게 종교와 사회를 두루 아우르면서도 동심과 부처의 가르침을 담은 동화는 아동문학의 고전으로 교과서에도 실렸고, 어른들도 널리 읽는 '성인동화'의 대표작으로 꼽히면서 프랑스를 비롯해 외국에도 번역 출간되었다.

오세암 이야기는 먼저 1990년에 박철수 감독의 실사영화로 만들어졌다. 1981년에 일제 때 수탈당한 종을 복원하려는 한 젊은이와 화가인 젊은 여대생의 사랑과 구도의 모습을 그린 정다운 스님의 동명소설을 원작으로 하는 〈니르바나의 종〉을 연출하기도 했던 박철수 감독은 〈접시꽃 당신〉(1988년)으로 잘 알려진 작가다.

박철수 감독의 〈오세암〉은 길손이와 감이 오누이가 가톨릭 계열의 보육원에서 자라다가 길손이가 해외로 입양될 상황에서 서로 헤어지기 싫어서 도망 나오는 설정이다. 보육원 바깥 세상은 냉담하고 냉혹하기만 하다. 거리에서는 시위대와 맞닥뜨려 화염병과 최루탄에 쫓기기도 하고, 길에서 만난 또래 아이들은 아파트에서 병아리 던지기 놀이를 하며 생명을 가벼이 여기는가 하면, 길손과 감이는 앵벌이 조직에 이끌려 가서 폭력과 위협에 시달리기도 한다. 그러다가 천신만고 끝에 고향을 찾아갔더니 고향은 이미 댐 건설로 수몰지구가 되어 버렸고, 남매의 아버지는 댐 건설에 반대하다 세상을 떴다고 한다. 아이들을 주인공으로 한 '가족영화'이자 천주교와 불교를 잇는 '종교영화'이면서 당시의 사회를 비춰 보는 리얼리즘 영화이기도 한 〈오세암〉은 지금도 박철수 감독의 여러 작품 가운데 대표작으로 꼽힌다.

2003년, 성백엽 감독은 전설이 아니라 정채봉 작가의 동화를 바탕으로 애니메이션을 만들었다. 한국적인 풍경과 여러 등장인물들의 모습, 서정적인 영상과 음악이 어우러져서 많은 관객들의 심금을 울리는 한국 애니메이션의 고전이 되었다. 박철수 감독의 실사 영화보다 정채봉 작가의 동화 원작에 더 가까운 애니메이션 〈오세암〉은 길손이의 천진난만한 모습이 웃음을 띠게 하는 밝은 장면들이 수채화 같은 화면과 어우러지면서 웃음이 컸던 만큼 길손이를 보내는 마지막 장면의 슬픔이 애잔한 주제가에 실려 더 크게 느껴진다.

겨울이 오면 어려운 형편의 아이들은 더 춥고 어렵다. 세밑에 잠시 불우이웃돕기라는 이름으로 아이들을 돌아보는 행사가 열리기도 한다. 동화든 영화든 애니메이션이든 〈오세암〉을 보고 다시 한 번 주위의 아이들에게 눈길과 보살핌의 따스한 손길을 나누는 관세음보살의 마음으로 세상을 돌아볼 수 있기를.

2부

세상 가장 낮은 목소리

진짜 무서운 병은 바이러스가 아니라 나쁜 정치

눈먼 자들의 도시(2008)

왕자로 태어나 귀하게 자라던 싯다르타가 자신이 안락하게 사는 성문을 나선 뒤 마주친 노인, 병자, 죽은 자, 수행자를 통해 인간의 삶이 늙고 병들고 죽는 고통으로 이루어져 있다는 것을 보고서, 권력과 부귀가 약속된 왕세자의 지위를 버리고 출가하여 많은 깨달음을 얻고 중생을 교화하고 구제한 출가의 계기는 잘 알려져 있다. 세상의 고통과 질병을 깊이 가슴 아파하는 자비심을 갖고도 바로 해탈한 것이 아니라 보리수나무 아래서 오래 수행하고, 마침내 얻은 깨달음을 두루 전하고서 열반에 든 석가모니의 이야기는 아름답다.

어느 날 갑자기 번진 신종 코로나가 전세계에 공포를 선동하고, 병자를 혐오하고, 빗장을 닫아걸게 되었을 때 이런 석가모니의 가르침보다는 정치와 외교가 전염병보다 더 큰 힘으로 병자를 대하고 있다. 이런 사회를 그린 영화 〈눈먼 자들의 도시〉를 보며 자비심을 생각한다.

출근길, 차를 몰고 길을 나선 한 사람이 갑자기 눈이 멀었다. 그 자리가 마침 교차로, 신호가 바뀌기를 기다리던 참이라 사고는 나지 않았지만 바쁜 시간에 교통이 엉망이 되었다.

갑자기 앞이 안 보이는 증상 때문에 안과를 찾아간 사람, 병원에는 접수처에서 대기실까지 직원, 내원 환자, 보호자, 간호사들이 복닥거린다. 검사를 해 봐도 눈에는 이상이 없단다. 뭔가 알아낼 때까지 집에 가서 쉬라고 한다. 뭔지 모를 병, 첫 사례니 처방도 약도 없다.

눈먼 사람은 집으로 돌아가고, 의사는 다른 환자들을

진료한다. 그렇게 첫 환자의 하루가 저물 때까지 도둑도 만나고, 아내도 만나고, 의사도 만나고, 병원 직원도 만난다. 의사는 또 다른 환자들을 만난다. 그중에는 아이도 있고, 노인도 있고, 창녀도 있다. 도둑은 경찰을 만나고, 창녀는 성매수 남성을 만난다. 누군가를 만나 각자의 일을 하다가 불현듯 이 사람들이 하나씩 눈이 먼다.

퇴근한 의사, 의사는 자료를 찾아보고, 고민도 해 보지만 원인을 알 수 없다. 아무래도 새로운 병인 듯하다. 아침에 일어나 눈을 떴을 때 의사는 알게 된다. 자신도 앞이 안 보이게 되었다는 것을. 그렇구나. 이것은 새로운 전염병이었구나. 병원과 보건당국에 알리고 대책을 기다리는 사이 눈이 멀어 가는 사람은 자꾸 늘어 간다. 갑자기 앞이 안 보이게 될 때, 사람들은 호소한다. '도와주세요!'

정부가 나선다. 제일 먼저 한 일은 격리수용. 눈먼 자들끼리 알아서 지내라고, 멀쩡한 사람들의 안전이 우선이라고, 그래서 사회의 안정과 평화를 지켜야 한다고 눈먼 사람은 눈먼 사람끼리, 그 사람들과 접촉했던 사람들은 그 사람들끼리 몰아넣고 철저히 감시한다.

수용소 안은 늘어나는 눈먼 자들로 넘쳐나고, 앞이 보이지 않는 상황에서 차마 눈뜨고 볼 수 없는 험한 일들을 겪어야 한다. 배급품 독점, 폭력, 강간, 살인까지. 그러나 아무도 거기서 벗어날 수 없다. 죽더라도 거기서 죽고 묻혀야 한다.

수용소 안의 상황이 가장 험악해진 날, 갇혀 있던 자들이 죽기 아니면 살기로 수용소를 벗어나려던 날, 갑자기 감시가 사라졌다. 바깥세상에 있던 사람들까지 모두 눈이 멀어버린 탓이다.

안도 밖도 없이 아수라장이 되어 버린 세상에 오직 한 사람, 첫 환자를 진료했던 의사의 아내만이 여전히 밝은 눈으로 세상을 보고, 눈먼 자들을 돌보며 상황을 버텨 낸다. 나눌 수 있는 것은 나누고, 피할 수 있는 것은 피하고, 맞서야 할 것은 정면으로 맞서면서. 그러던 어느 날, 처음 눈이 멀었던 사람부터 하나씩, 갑자기 눈이 멀었던 것과 같이 그렇게 갑자기 눈이 보이게 된다.

포르투갈의 노벨 문학상 수상 작가 주세 사라마구의 소설을 원작으로 한 〈눈먼 자들의 도시〉는 새로운 전염병이나 바이러스와 맞서 싸우는 과학의 도전과 승리를 그리는 〈아웃 브레이크〉류의 질병 극복 영웅담 영화가 아니다.

초자연적 세계나 현실에 있을 수 없는 사건을 소재로 하는 '환상문학'을 바탕으로 한 만큼 현실 세계가 불가해한 현상 앞에서 무너져 내릴 때 겪게 되는 단절과 공포감 앞에서 이성이나 합리만으로 설명할 수 없는 인간 자체를 들여다보게 하는 영화다.

영화 판권을 얻으려는 숱한 영화계의 구애에도 타락한 사회와 강간에 대한 폭력적인 자신의 책이 오역되는 걸 원치 않는다며 꿈쩍 않던 사라마구를 간신히 설득해 영화화한 만큼 페르난도 메이렐리스 감독의 〈눈먼 자들의 도시〉는 원작을 가능한 한 충실히 스크린으로 옮기려고 시도한다.

그러나 보이지 않는 자들의 공포를 읽어 내는 문학과는 다르게 그들의 모습을 지켜보는 것으로 대신하는 영화 매체는 갑자기 눈이 멀어 버리는 현상이 사람들 각자와 사회를 어떻게 무너뜨리는지를 묘사하는 데 공을 들인다. 그러나 쉼표와 마침표만으로 이어지며, 직접화법과 간접화법을 넘나들고, 끊어질 듯 끊어지지 않는 독특한 문체를 영화의 스타일로 옮겨 내지는 못한다.

그래서 마술적이라기보다는 사실적인 영상이 되고, 보이지 않는 상황에서 겪는 인간의 공포보다는 그것을 지켜보는 사람의 고통에 중심이 옮겨가 있다. 그렇기에 영화 포스터의 문구도 '보이는 자에게 더 잔인한 눈먼 자들의 도시, 가장 두려운 건 오직 나만 볼 수 있다는 사실이다.'가 된다.

영화만 본 사람이라면 사실적인 수용소의 참상에 충격을 받을 수 있겠지만 원작 소설을 먼저 읽은 사람이라면 문학에서 스토리가 아니라 스타일까지 영화로 옮기는 것이 얼마나 어려운지를 느끼게 될 것이다. 그래서 영화는 문학에서 옮길 수 없는 스타일을 미술의 역사에서 빌려 온다. 줄줄이 어깨를 잡고 나아가는 장님들의 모습, 목욕하는 세 여인의 모습 등등.

그러나 가난한 농부의 아들로 태어나 고등학교 졸업 후 용접공으로 사회생활을 시작해서 독학으로 문학수업을 했던 주세 사라마구의 원작을 읽고 영화를 본다면, 더 나아가 후속 작품 〈눈 뜬 자들의 도시〉까지 읽는다면 〈눈먼 자들의 도시〉에서 제기하는 것이 무엇인지 더욱 또렷해질 것이다.

현대사회에서 점점 윤리의식 따위는 희미하게 지워가는 이기적 존재인 개인들이 정치적으로 무관심하게 일상을 지속하는 사회에서 정치가 얼마나 쉽사리 권위와 억압을 내세워 독재를 펼칠 수 있는지를 사라마구는 똑똑히 보며 살아 낸 것이고, 그것을 소설에 담아낸 것이다.

〈눈 뜬 자들의 도시〉에서는 정치적 무심함이 선거라는 형식을 통해 독재의 수단이 되고자 할 때 눈이 멀었다 다시 보이게 된 사람들이 사는 사회에서 그런 상황에 저항하는 사람들의 고립을 그린다.

낮은 투표율로 독재정권을 유지하려는 여당에 맞서 투표소로 모여드는 사람들, 그러나 마땅한 대안이 없는 상태에서 번번이 무효표로 '아니요'라는 의사 표현을 하는 사람들, 그런 초유의 사태 앞에서 감시, 감금, 봉쇄, 테러, 조직배후설까지 온갖 수단을 동원하는 정권의 작태, 그러다가 마침내 모두가 눈이 멀었을 때 혼자 눈이 멀지 않았던 의사의 부인을 배후 조종 인물로 몰아세워 암살.

〈눈먼 자들의 도시〉가 보아야 할 현실을 제대로 보지 못할 때 인간이 얼마나 추하고 절망적인 존재가 되는지를 이야기한다면, 〈눈 뜬 자들의 도시〉는 눈 가리고 아웅 하고 싶은 독재정권이 눈멀지 않는 자를 얼마나 두려워하고 증오하는지를 이야기한다.

과거에 신종플루가 창궐할 때, 학교를 중심으로 아이들이 앓아눕고, 가족이 쓰러지며, 약이며 병원이 부족한 상황에서 손이나 잘 씻고 김치, 고추장 많이 먹고, 마스크나 쓰고 다니라 말했던 한심한 당국은 무슨 대책을 마련했던가. 그때 당장 저소득 계층 아이들이 신종플루 증상을 보일 때 아무 대책 없이 등교하지 말라고 하자, 부모가 모두 직장에 나가 있는 동안 아이들을 누가 돌보고 먹일 것이며, 확진 판정이 나고서야 검사비용 일부를 돌려준다는데 하루 벌어 하루 먹고 살기도 힘든 부채공화국에서 검사조차 받지 못하는 사람들은 절망했었다.

그러다가 사망자 소식이 대책 없이 늘어난 다음에야

병원 늘리고, 약국 처방 허용하고, 백신 접종 부랴부랴 앞당기면서 우리는 '병'이 얼마나 정치적인 문제인지를 똑똑히 보았다. 아무리 의학과 과학이 발전해도 새로운 질병이 늘 다시 사람들을 위협하고 있다. 메르스, 사스 그리고 지금의 신종 코로나 바이러스까지.

이런 질병 앞에서 처음 신종 코로나의 위험을 알린 우한 지역의 의사 리원량은 중국 정부로부터 탄압받으면서도 끝끝내 환자들을 돌보다가 신종 코로나에 걸려 결국 세상을 떠났다. 활동이 정지되고 봉쇄된 우한 지역에 고립된 한국인들을 정부가 나서서 귀국시키겠다고 하자 돌아온 한국인들이 병으로부터 안전한지 아닌지 확인할 때까지 머무를 지방의 주민들을 선동해서 자기 지역에는 절대 들어올 수 없다고 으름장을 놓도록 부추긴 정치인들의 모습은 전염병보다 무섭고 흉측했다.

〈눈먼 자들의 도시〉에서 병자에게 닿기만 하면 눈이 머는 무시무시한 전염병이 돌 때, 앞이 보이면서도 스스로 병자들 가운데로 걸어 들어간 의사 부인, 더 이상 전염병이 건잡을 수 없을 지경이 되었을 때 눈먼 자들을 살 길로 이끌어 간 그 의사 부인의 자비심을 〈눈 뜬 자들의 도시〉에서는 불온한 정치 세력으로 몰아 암살하는 나쁜 세상. 우리가 사는 세상은 그런 세상이 아니어야 한다. 병자에게 쉴 곳을 마련해 주고, 약과 보살핌으로 병을 함께 감당해 나가는 그런 사회가 되어 갈 때 우리는 인간의 생로병사 앞에서 눈을 뜨고 출가한 석가모니의 깨달음을 나누어 가지게 될 것이다.

'용서'와 위안부 논란에서 다시 보는

낮은 목소리(1995), 낮은 목소리 2(1997)

새삼스럽게 성철 스님의 법문집을 다시 찾아보게 된 까닭은 위안부 피해자인 이용수 인권운동가 할머니가 정의기억연대 윤미향 이사장이 국회의원으로 당선되자 '절대로 용서할 수 없다.'고 기자들 앞에서 울분을 토한 충격적인 소식을 듣고 몹시 괴로워서였다. 큰스님께서는 '용서'에 대해 어떻게 말씀하셨더라? 그 가르침으로 마음을 다스려 보리라 하는 마음에 책을 펼쳤다. 바로 말씀이 와 닿았다. 성철 스님께서는 『자기를 바로 봅시다』에서 이렇게 가르치셨다.

"'저 원수를 보되 부모와 같이 섬겨라.' 원각경에 있는 말씀입니다. 중생이 성불 못 하는 것은 마음속에 수많은 번뇌망상이 있기 때문입니다. 이 많은 번뇌 가운데서 가장 근본이 되는 것은 증애심, 미워하고 좋아하는 마음이라고 부처님께서 말씀하셨습니다.

그런데 불교에는 '용서'라는 말 자체가 없습니다. 상대를 용서한다는 것은 나는 잘했고 너는 잘못했다, 그러니 잘한 내가 잘못한 너를 용서한다는 이야기인데, 그것은 상대를 근본적으로 무시하고 하는 말입니다. 상대의 인격에 대한 큰 모욕입니다.

불교에서는 '일체중생의 불성은 꼭 같다'고 주장합니다. 성불한 부처님이나 죄를 지어 무간지옥에 있는 중생이나 자성 자리, 실상은 똑같습니다. 그래서 아무리 죄를 많이 짓고 아무리 나쁜 사람이라도 겉을 보고 미워하거나 비방하거나 한층 더 나아가서 세속 말의 용서는 할 수 없습니다.

그러면, 어떻게 해야 하는가? 아무리 죄를 많이 지었

고 나쁜 사람이라도 그 사람을 부처님같이 존경하라는 것입니다. 이것이 우리 불교의 생명이라 해도 과언이 아닙니다. 이것이 불교의 근본정신입니다.

부처님이 말씀하신 '원수를 보되 부모와 같이 섬긴다.'는 이것이 우리의 생활, 행동, 공부하는 근본지침이 되어야 하겠습니다."

1991년 8월 14일, 광복 46주년을 하루 앞두고 고 김학순 할머니가 정신대문제대책협의회 사무실을 찾아가 국내 거주자로서는 처음으로 일본군 위안부의 실상을 자신의 이름을 걸고 증언한 것은 위안부를 강제로 끌어간 사실이 없다는 일본의 주장이 거짓이라는 사실이 피해자의 목소리를 통해 밝혀지는 순간이었다. 윤미향 의원은 김학순 할머니가 일본군의 만행을 고발하면서부터 한국정신대문제대책협의회를 거쳐 정의기억연대 대표로서 매주 수요일마다 일본대사관 앞에서 28년째 수요집회를 열며 지금까지 긴 세월 위안부 피해자 문제 해결을 위해 애써 온 활동가였다. 그런 사람을 갑자기 대중 앞에서 '용서할 수 없다'

고까지 미워하고 비난하는 모습을 보는 것은 참담한 일이었다.

그래서 다시 영화도 찾아보게 되었다. 위안부 피해자 할머니들이 일제강점기를 지나 광복 이후 줄곧 각자의 마음속에만 삭혀 왔던 사연을 담은 〈낮은 목소리〉 연작을 통해 납득하고 이해할 수 있는 길을 찾고 싶었다. 이용수 할머니를 처음 알게 된 것도 〈낮은 목소리〉를 통해서였으니까.

1995년, 한국 다큐멘터리 영화로는 최초로 일반 극장에서 개봉된 〈낮은 목소리〉가 2년 터울로 연거푸 〈낮은 목소리 2〉, 〈숨결〉로 세상에 들려 준 '나눔의 집' 할머니들의 이야기는 아직도 충분히 울려 퍼지지 않은 듯하다. 여전히 매주 수요일이면 할머니들은 주한일본대사관 앞에서 일본 정부에 사과를 요구하는 시위를 하고 있건만, 그렇게 역사를 증언하고 바로잡으려는 목소리의 주인들이 하나씩 둘씩 세상을 뜨고 있건만, 점점 더 우경화되는 일본의 태도와 정부의 무관심 앞에서 목소리를 낮출 수 없다.

영화의 역사에서 처음으로 이루어진 일은 너무도 당

연한 일이 당연하지 않았음을 깨닫는 순간을 만들어 낸다. 1895년, 뤼미에르 형제가 〈열차의 도착〉으로 새로운 예술의 출발을 시작한 이래 '기록'과 '기억'을 담고 나아가는 매체로서의 다큐멘터리는 영화의 심장이었다. 그러나 〈낮은 목소리〉 전까지는 한국영화사에서 그 심장이 울린 적이 없었다.

변영주 감독은 역사의 현장을 기록하기 위해 사람들을 만나고, 그 만남의 의미를 사람들에게 전하고, 그렇게 전하기 위해 만든 영화가 역사가 되도록 한 한국 최초의 다큐멘터리 제작자이자 감독이다. 극장에서 다큐멘터리를 상영하는 것 자체가 생소하던 시절, 필름을 후원할 '100피트 회원'을 모으고, 자신이 겪었던 일이 그 필름에 담기는 것을 거부하던 할머니들로부터 믿음과 희망을 나눠 받고, 그렇게 담아 낸 목소리를 스크린을 통해 세상에 울려 퍼지게 하는 모든 과정이 하나의 역사가 되었다.

일본군 위안부였던 할머니들이 자신들의 과거가 '수치'스러운 일이라 '침묵'하고 살았던 세월을 딛고 일본 제국주의가 저지른 폭력에 대해 사죄와 보상을 요구하기 위한 수요집회로 과거와 싸우고, '나눔의 집'이라는 공간을 통해 현재를 살아 나가는 모습을 담은 〈낮은 목소리〉는 한국영화사에 너무 늦게 도착한 열차였다. 입이 얼어 말 한 마디 건네는 것도 어려운 한겨울 칼바람을 맞으며 열린 백 번째 수요집회에서 시작하는 〈낮은 목소리〉는 일제강점기 이래 억압당한 목소리의 뒤늦은 도착이자, 이후 7년을 이어나갈 기나긴 역사의 시작이 되었다.

〈낮은 목소리〉를 통해 한국 사회가 봉인해 왔던 역사가 세상 밖으로 터져 나왔다. 감독과 할머니들의 관계가 시간의 흐름 속에서 바뀌어 나가는 것을 보여 주는 이 영화는 과거를 숨기려 했던 할머니들이 세상 밖으로 나서는 플랫폼이 되었다. 촬영의 대상이었던 할머니들이 세상에 대해 자신의 얼굴과 역사를 당당하게 드러내는 능동적인 주체가 되어 자신들의 모습을 가까이서 바라보고, 감독에게 피해 당사자였던 자신들의 목소리를 담아 달라는 요구를 하게 된 것은 이 영화가 계속 달려야 할 동력이 되었다.

〈낮은 목소리 2〉는 장례식에서 시작한다. 소학교에 다니던 소녀가 군수공장에서 강제 노역을 하다 위안부가 되었고, 그 이후로 오랫동안 숨죽여 지내다가 1992년이 되어서야 비로소 자신이 겪었던 폭력을 세상에 알리고 일본 정부로부터 사죄와 배상을 받기 위한 운동을 시작했던 강덕경 할머니가 1995년 겨울, 폐암말기라는 선고를 받게 되었다.

잊혀지는 것이 두려우니 자신이 죽을 때까지를 영화에 기록해 달라고 했던 강덕경 할머니의 당부가 감독에게 닿았을 때, 그 울림은 제2차 세계대전이라는 과거로부터 비롯되어 〈낮은 목소리 2〉가 만들어진 1997년 당시 성폭력 발생률 세계 1위의 나라가 된 현재까지를 아우르는 역사에 대해 묻고 또 대답한다.

강덕경 할머니의 그림 한 장 한 장에 담긴 고통과 슬픔은 과거를 담고 사위어 간 할머니 앞에서 애도와 추모를 넘어 우리들이 기억하고 해결해야 할 현재의 과제를 생생하게 피워 낸다.

〈낮은 목소리〉와 〈낮은 목소리 2〉는 나눔의 집이라는 공동체 공간을 중심으로 일본군 위안부 할머니들의 과거에 대한 기억, 현재를 사는 일상, 미래를 바꾸려는 투쟁을 담아 내었다. 할머니들의 절절한 목소리를 직접 새기고, 그 기록을 국내외 숱한 극장과 영화제에서 관객과 나누는 일은 감독에게도 고통스러운 일이었을 것이다.

그러나 감독은 다시 시작했다. 할머니들의 과거에 대해 알지 못했던 오늘날의 감독 자신이 묻고, 그 경험을 듣는 것은 어쩔 수 없이 한 발 물러서서 기록하는 작업이며, 아무리 할머니들과 가까워져도 할머니의 시선과 목소리 자체일 수 없다는 성찰로부터 다시 시작할 힘을 내었다.

〈숨결〉에서는 이제 다른 할머니들을 만나 묻는 주체로 이용수 할머니가 나선다. 대만 신구 위안소에서 고통을 겪었던 이용수 할머니는 나눔의 집 울타리 바깥세상에서 살아가는 할머니들을 찾아가 단순한 질문자가 아니라 자신의 경험을 상대와 나누며 이야기를 이끌어 낸다.

그리고 위안소에서 돌아온 후 결혼해서 30년 넘게 삯바느질로 생계를 이어 가면서 '부끄러운 건 우리가 아니라 너희다'라는 글로 세상을 깨우치며 전태일 문학상을 수상한 김윤심 할머니가 어렵게 키운 딸에게조차 자신이 겪은 일을 감추고 살아왔던 고통을 청각장애자 딸과 수화로 넘어서는 순간을 맞는다. 그 순간의 떨림은 딸과 할머니로부터 감독의 카메라를 통해 우리 모두에게 전해진다.

〈낮은 목소리〉 연작에는 이용수 할머니 말고도 다른 여러 피해자 할머니들의 모습과 이야기가 담겨 있다. 그분들 가운데 많은 분이 돌아가셨고, 이제 살아 계신 분은 스무 분도 안 된다. 영화에서 그분들이 모여 사시도록 만든 '나눔의 집'은 지금 불교에서 맡아 운영하고 있다. 그러면서 이 소란 속에 불교계의 처신도 입방아에 오르고 있는 것 또한 안타까운 일이다. 오랜 세월 서로 부대끼며 어떤 오해와 입장의 차이가 지금과 같은 심연을 드리웠는지는 당사자가 아니고서는 도저히 다 알 수 없을 것이다.

부디 이용수 할머니가 용서를 통해 평화와 행복에 이르시기를 바라며, 성철 스님의 법문과 함께 "나를 고통스럽게 만들고 상처를 준 사람에게 미움이나 나쁜 감정을 키워나간다면, 나 자신의 마음의 평화만 깨어질 뿐이다. 하지만 그를 용서한다면 내 마음은 평화를 되찾을 것이다. 용서해야만 진정으로 행복할 수 있다."는 달라이 라마의 가르침이 담긴 책을 펼쳐 본다. '용서는 단지 우리에게 상처를 준 사람들을 받아들이는 것만을 의미하지는 않는다. 그것은 그들을 향한 미움과 원망의 마음에서 스스로를 놓아 주는 일이다. 그러므로 용서는 자기 자신에게 베푸는 가장 큰 자비이자 사랑'이라는 가르침을 나눠 드리고 싶다.

바른 지도자를 꿈꾸는 영화

정직한 후보(2021)

아미타불도 있고, 비로자나불도 있지만 깊이 따지지 않고 '부처님'이라고 할 때는 불교를 처음 세운 석가모니를 떠올리는 대중들이 많다.

기원전 563년 지금의 인도 북쪽 네팔 국경 근처에 있던 카필라바스투에서 슈도다나 왕과 마야 부인 사이에서 태어난 왕자 고타마 싯다르타가 지배자가 될 권력자의 지위를 버리고 출가하여 번뇌를 끊고 진리를 깨달아 중생을 교화하는 가르침을 펼치게 되자 대중이 '왕' 또는 '왕자'라는 세속의 지배자와 다르게 존경하는 마음을 담아 부르는 말이 바로 석가모니이다.

석가모니는 '석가족 출신의 성자'라는 의미이고, 부처는 깨달은 사람이라는 뜻이니 부처가 석가모니에게만 국한된 절대적인 명칭은 아니지만, 역사 속에 부모도 있고 이름도 있는 사람으로 태어나, 고통과 번뇌를 거치고 깨달음을 얻기까지 아장아장 걷고, 성장하고, 결혼도 하고, 아이도 낳고, 출가해서 가르침을 펼치다 나이 들어 열반에 들기까지의 일생을 대중이 직접 보고 겪은 성자가 바로 석가모니이기 때문에 부처라고 하면 석가모니를 제일 먼저 떠올리게 되었을 것이다.

그러다 보니 싯다르타는 대부분의 사람들이 경전을 통해 배우기도 전에 먼저 남다른 업적을 이룬 위인전에 실린 인물로 알게 되곤 한다. 사실 종교를 떠나서도 인류가 사회를 이루어 살기 시작한 이래 이토록 놀라운 선택을 한 권력자는 없었다.

지금도 태어나면서부터 엄격하게 제도로 정해진 카

스트라는 굴레에 갇혀 차별 속에 사는 인도에만 계급이 있는 것이 아니다. 신분제가 법으로 없어진 지 오래인 지금도 한국 사회에서는 대중들이 공공연하게 '금수저', '흙수저'로 계급을 나눈다.

사람이 사람 위에 군림해서 세상을 지배하기 위해, 그래서 한정된 부와 권력을 독차지하고 더 크게 불려서 자기 자식에게 대물림하기 위해 계급은 법이 아니라 현실 자체로 느껴진다.

그러니 심지어 다른 형제가 있는 것도 아닌 외동으로 태어난 왕자가 스스로 궁을 떠나 수도와 고행의 길을 선택한 것만도 놀라운데, 그렇게 깨우친 진리를 평생 다른 이들에게 가르치고, 제자들이 무리를 지어 그 가르침을 따르는 동안에도 '무소유'의 이타행을 실천한 삶은 왕좌보다 더 높은 존경을 담아 '깨우친 존재, 부처'라고 여길 수밖에.

석가모니의 깨우침은 인도에서 전 세계로 퍼져나갔고, 고대국가가 틀을 잡던 시기에는 나라를 다스리는 도리로서 '국교'로 받아들여지면서 문명을 발전시키기도 했다. 우리 역사에서도 고구려, 백제, 신라가 불교를 받아들인 시기가 부족국가에서 고대국가로 발전하는 시기로 기록되고 있다.

세속의 지배자는 불법을 명분으로 내세워도 정토를 이루기보다는 자신의 권력을 탐하기 마련이지만 『전륜왕사자후경轉輪王獅子吼經』과 같은 경전에서 펼쳐보이는 이상적 국가가 나아갈 길은 예나 지금이나 정치를 하는 모든 이들이 가슴에 새겨야 할 가르침을 담고 있다.

불교의 이상적 왕인 전륜성왕은 항상 법, 즉 진리에 따라 국가에 있는 모든 생명체를 법의 파괴자로부터 보호해야 하며, 국민이 악의 길을 걷지 않도록 제지해야 한다고 가르친다. 그런데 부의 분배가 편중되면 빈곤한 이들이 도덕적으로나 육체적으로 쇠퇴하게 되면서 악을 초래하게 되니 모든 국민의 경제적 번영을 보장해야 한다는 원칙은 얼마나 진보적 이상인가!

이제 전륜성왕의 도래를 기다리는 사회가 아니라 선거로 공직자를 뽑는 사회에서 살고 있는 우리도 다가오는 선거를 앞두고 과연 어떤 후보가 반듯한지 바른 눈으로 헤아려보아야 할 것이다.

정치에 대한 영화는 많지만 선거를 앞두고 유쾌하게 볼 수 있는 영화 한 편을 살펴보자. 전 세계가 코로나로 움츠러든 2020년 2월에 개봉해서 무려 150만이 넘는 관객을 불러모은 〈정직한 후보〉(장유정 감독)는 정치와 정치인, 미디어와 정당, 부와 빈곤의 불평등, 참과 거짓을 다루는 정치영화를 코미디 장르 안에 잘 버무려서 '정치라면 지긋지긋'한 사람들도 즐겁게 보고 나서 생각할 거리들을 짚어볼 수 있는 수작이다.

2014년 브라질에서 개봉해서 박스오피스 1위에 올랐던 작품을 주인공을 남성에서 여성으로 바꿔서 리메이크한 〈정직한 후보〉는 거짓말을 일삼는 3선 국회의원 주상숙(라미란)이 선거를 앞두고 갑자기 하루아침에 거짓말을 못하게 되면서 벌어지는 소동을 통해 정치의 겉과 속을 뒤집어서 탈탈 털어 보여준다.

현탄시 3선 국회의원인 주상숙은 노련한 정치인이다. '국민 사이다'라는 이미지를 쌓고, 서민을 위하는 수더분하고 청렴한 국회의원답게 서민 아파트에 살고 있지만 사실은 모든 것이 가식이고, 하는 말은 다 거짓이다. 보여주기식으로 서민 아파트로 들어가는 모습을 보여준 다음에 실제로는 호화 주택에 살고 있는 것만 거짓인 게 아니다.

주상숙이 국회의원이 될 수 있었던 것은 평생 모은 전 재산을 교육 사업에 헌납한 할머니 김옥희(나문희)의 손녀이기 때문에 유권자들에게 호감을 얻었기 때문이다. 할머니 김옥희의 이름을 딴 '옥희재단'을 설립해서 사학을 운영하면서 그 재단을 발판으로 선거에서 승리를 거둬온 주상숙의 가장 큰 거짓말은 바로 그 할머니라는 존재다.

멀쩡히 살아 있는 할머니 김옥희를 죽었다고 속이고 한창 선거운동을 하고 있던 참에 선거를 겨우 2주 앞두고 할머니가 위독하다는 연락이 오자 부랴부랴 산속에 숨겨진 할머니 집을 찾아갔더니, 실제 아픈 게 아니라 숨어 사는 생활을 참다 못한 할머니가 꾀병을 부려 불러낸 것이었다. 실컷 짜증만 내고 돌아가던 상숙이 갑자기 큰비를 만나 비를 피하러 들어간 사당에서 돌탑을 보고 선거에서 이기게 해달라고 기도하는 동안, 옥희 할머니는 정화수를 떠놓고 손녀 상숙이 더 이상 거짓말을 하지 않게 해달라고 기도를 올린다. 그 순간 돌탑에 번개가 내리꽂히지만 아무도 다치지 않았으니 별일 아니었을까?

다음 날 아침, 상숙은 자신이 거짓말을 전혀 못하게 되어버리는 바람에 우왕좌왕하게 된다. 원래 정직하던 사람이 어쩌다 한두 번 거짓을 말하면 별 문제가 아니겠지만, 일거수일투족, 말 한마디 한마디가 다 거짓이었던 상숙에게는 난리도 이런 난리가 없다.

겉으로는 예의 바르게 대하던 시어머니에게 평소 속으로 구시렁거리던 불만이 입 밖으로 튀어나가서 엉망이 된 가정사야 그렇다 치고, 생방송에 나가서나 대중을 앞에 둔 선거 유세 중에 속마음이 그대로 입으로 나와버리니 지지율이 곤두박질치게 된다.

다급해진 보좌관 희철(김무열)이 선거 전략가 이운학(송영창)에게 도움을 청하자 이운학은 아예 상숙의 솔직함을 역이용해서 거짓 없는 '정직한 후보'라고 내세운다. 그리고 상숙이 '진실의 주둥이'라며 다시 유권자들에게 호감형 정치인으로 화제가 되자 경쟁자가 미국에서 유학 중인 아들의 군대 문제로 공격해 온다. 그러자 상숙은 아들을 귀국시켜 본인 의사와 상관없이 군입대를 밀어붙이는데 그 과정에서 원정출산 문제가 불거지자 거짓말을 할 수 없게 된 상숙이 지금껏 친아들로 키워왔던 아들이 사실은 남편의 혼외자라는 것까지 밝혀지면서 오히려 대중의 호감은 더욱 커지게 된다.

그런 와중에 상숙의 비리를 쫓던 기자가 옥희재단의 입학 비리를 밝혀내는 바람에 당에서 내쳐진 상황에서 할머니 옥희가 진짜 노환으로 사망하면서 상숙의 저주가 풀리게 되지만 끝까지 자신이 살아 있었다는 것을 밝히지 않고 세상을 뜬 할머니 영전에서 상숙은 자신의 죄를 뉘우치고 후보 사퇴를 결심한다. 더구나 알고 보니 당대표가 옥희재단을 이용해 대학생들의 등록금을 착취해왔다는 사실을 폭로하며 사퇴를 발표하려던 상황에서 다른 정치인들의 추태와 각종 범죄 사실들이 기록된 자료들까지 한꺼번에 드러나게 된다.

결국 제3의 후보가 당선되고, 자수해서 징역을 살고 나온 뒤 서울시장 선거에 나선 상숙은 '국민 수류탄'이란 별명으로 더욱 솔직한 정치인이 되지만 이를 못 견딘 남편과 아들이 상숙을 예전처럼 돌려달라고 기도하자, 번개가 친다.

장유정 감독이 "거짓말쟁이 국회의원이 거짓말을 전혀 못하게 되었다는 설정 자체가 아주 재미있었다. 거짓말을 잃어버린 사람이 과연 어떤 이야기까지 쏟아낼 것인가라는 부분이 이 영화의 관전 포인트다."라고 소개했듯이 상숙 역의 라미란 배우가 진실을 터뜨리는 순간순간이 만들어내는 재미가 쏠쏠한 이 영화는 대중의 호응을 바탕으로 2편이 제작되어 개봉을 기다리고 있다.

주가조작, 사학비리, 이미지 조작, 언론과의 담합, 정치인끼리의 배신과 폭로 등 사실 현실 정치에서 늘상 벌어지는 일들이 영화 안에서 재현되는 장면들은 실컷 웃으면서 보게 되지만, 영화가 끝나고 나면 현실을 곱씹어보게 만든다.

다가올 대선을 앞두고 후보들이 서로를 권력을 탐하는 비리의 온상이라거나 거짓말쟁이라고 헐뜯고 있는 현실에서, 다시금 석가모니의 가르침을 생각한다. 부디 전륜성왕의 실천에 미치려는 노력을 하는 바른 사람을 알아보고 거짓을 가려낼 밝은 눈으로 미래 세대를 위한 정치인은 골라낼 수 있기를.

공간이 의식을 지배한다면 잊지 말아야 할 역사, 청와대 이웃 이야기

효자동 이발사(2004)

지난 3월 20일 기준, 새로운 대통령 당선자는 지금까지 국가 원수가 거처이자 집무실로 사용해 왔던 청와대를 국민에게 돌려주고 사대문 밖 용산으로 대통령의 보금자리를 옮기겠다는 의사를 밝혔다.

'한양과 조선불교'를 연구하고 있는 우봉 스님은 우연히 보게 된 공중파 다큐멘터리에서 토론자로 나선 한 대학교수가 "한양 천도에 무학대사의 역할은 사실 크지 않았다."고 한 발언을 듣고, '가만히 있다간 세종을 도와 한글창제에 앞장섰던 신미 스님처럼 무학 스님도 역사의 뒤안길로 사라지겠다.'고 생각했다고 한다.

이후 천도와 관련한 문헌과 논문을 샅샅이 뒤져보니 대부분 성리학적 유교사관으로 기록된 숭유억불 시각에서 역사를 기록한 『고려사』나 『조선왕조실록』 기록에서 한양 천도를 유교 중심적 업적으로 해석하고 있다는 것을 발견한 우봉 스님은 한양천도 학술대회를 개최하여 지속하고 있다.

우봉 스님은 "학생들이 배우는 국사 교과서부터가 문제더라고요. 조선 개국에 대한 설명이 한 페이지도 되지 않으니 하늘에서 나라가 뚝 떨어졌다 생각하는 거죠. 종교나 문화는 그렇게 일시적으로 사라질 수 없어요. 조선을 세운 3대 주체에는 이성계와 정도전을 필두로 한 신진사대부, 그리고 무학대사를 중심으로 한 불교계가 있었습니다. 이성계와 제휴했던 불교계는 고려 말 개경 불교를 중심으로 한 보수 불교계와는 결이 달랐던 세력들이었죠."라고 걱정을 내비치며 한양을 중심으로 새로운 판을 설계하고자 했던 불교계가 왕조와 뜻을 함께하며 건국 사업에 동참했고, 무학스님이 한양 천도에 있어 불교계를 대표한 핵심축이었다는 사실을 학술적으로 밝혀 나가는 화두를 이어나가고 있다.

1392년 조선을 건국한 태조 이성계가 개국 2년 만에 고려의 수도였던 개경에서 한양으로 옮기는 천도를 기획하고, 새로운 국가 설립의 이념을 담아 도시를 설계했는지에 대해서는 정도전을 중심으로 성리학자들이 주도했다는 해석이 정사라면, 왕사였던 무학 스님이 한양을 5백년 도읍지로 고르도록 이끌었다는 것이 대중들에게 지금까지 전승되는 믿음이다.

풍수지리로 당대 최고였다는 왕사 무학대사가 어명을 받고 새 도읍지를 둘러보기 시작하면서 산천을 두루 살피다가 삼각산에 이어 지금의 서울 남산인 목멱산에 올라 이곳이 적당하다고 쾌재를 부르는 순간, 한 노인이 소를 타고 지나가다가 "이놈의 소! 미련하기가 무학과 꼭 같구나. 바른 길을 버리고 굽은 길을 찾아가다니, 이랴!" 하며 혼잣말을 하는 걸 듣게 되었다고 한다. 노인을 쫓아가 길지를 알려달라고 간청하자 "여기서 서쪽으로 10리를 더 가면 알 일이다."라고 말하고 사라졌다고 한다.

무학이 노인이 이르는 대로 삼각산을 거쳐 백악산 밑에 도착해 보니 그곳은 바로 고려의 옛 남경 터였다. 무학이 이곳을 궁궐터로 정하고 태조에게 아뢰자 정도전이 "예로부터 제왕은 모두 남면하여 나라를 다스려 왔고, 동향했다는 말은 한 번도 들어보지 못했습니다."라며 반대하여 정도전의 건의에 따라 다시 잡은 자리가 북악산 밑, 경복궁 자리가 되었다는 것이다.

1394년 10월 28부터 정식으로 조선의 수도가 된 한양은 전주 이씨 왕조를 중심으로 양반 사대부가 신분제 사회로 지배해오던 그 조선이 역사의 뒤안길로 사라지고 나서도 지금까지 대한민국의 수도가 되어 주위 지역까지 '수도권'이라는 엄청난 도시권역으로 만들며 이 나라 정치·사회·경제·문화 등 모든 영역의 중심이 되어왔다.

그리고 대한민국의 국가원수인 대통령은 직선제로 당선이 되었든 쿠데타로 점령을 했든, 지금까지는 경복궁 자리 바로 뒤, 일설에 따르면 일제가 조선 왕조의 뒤통수를 찍어 누르는 자리에 일부러 지었다는 지금의 청와대에서 먹고 자고 나랏일을 했다. 그리고 이번 4월을 마지막으로 청와대는 628년 만에 '나라의 중심은 수도, 수도의 중심에 사는 이는 최고 권력자, 최고 권력자가 사는 곳은 명당 중의 명당'이라는 상징에서 풀려나게 되었다.

처음 대통령의 자격으로 청와대에 살았던 이승만부터 이후 윤보선, 박정희, 최규하, 전두환, 노태우, 김영삼, 김대중, 노무현, 이명박, 박근혜 전 대통령, 그리고 얼마 전 퇴임한 문재인 대통령까지 청와대의 주인이 여럿 바뀌었지만 그중에서도 가장 오래 살았던 권력자는 박정희, 박근혜 부녀였다. 조선의 왕이 이씨 집안인 것이 당연했듯 어린 시절에는 박정희라는 이름이 대통령 그 자체를 이르는 고유명사로 여겨지던 시절도 있었다. 그 시절에 대한 영화 한 편을 탈 청와대 시대를 돌아보며 소개하고자 한다.

어른들이야 어찌되었든 아이들이 가장 신나게 여기는 것 가운데 하나가 학교에 가지 않아도 되는 일이다. 그래서 달력을 넘길 때마다 빨간 날을 열심히 챙기고 손꼽아 기다린다. 일요일도 아니고, 공휴일도 아니고, 개교기념일도 아닌데 갑자기 노는 날이 되는 흔치 않은 경우는 아주 특별한 날이다.

초등학교 2학년 때 처음으로 그런 특별한 날을 맞은 적이 있었다. 32년이나 지난 그날이 아직도 기억에 남는 까닭은 담임선생님이 학교를 쉬는 의미에 대해 귀에 못이 박히도록 강조에 강조를 거듭했기 때문이다. 그날은 1972년 10월 17일, 바로 유신헌법으로의 개헌을 위한 '국민투표'를 하는 날이었다.

이미 달포 전부터 모든 학생이 가슴에 '10월 유신'이라고 프린트된 리본을 달고 다니던 터였다. 선생님이 달뜬 목소리로 나라의 앞날에 몹시 중요한 일이라 특별히 하루 쉬는 거니까 집에 가거든 부모님께 꼭 찬성투표를 하시라고 해야 한다고 강조하시는 모습은 결연하기까지 했다. 북한은 주민투표를 했다 하면 100퍼센트 투표에 100퍼센트 찬성인데 우리나라가 그보다 단결을 못하면 다시 6·25 같은 전쟁이 나게 될 거라고 겁도 주셨다.

결국 91.9퍼센트의 투표율과 91.5퍼센트의 찬성률로 그날의 대대적인 국민투표가 끝이 났고, 그렇게 해서 우리들은 더 이상 대통령 선거 때문에 노는 날이 없는 나라의 학생이 되었다. 그 후 오랫동안 '한국적 민주주의'라는 이상한 체제를 가진 이 나라에서 대통령은 국민에 의해 선출되는 것이 아니라 스스로 군림하는 자가 되었고, 투표를 위해 특별히 쉬는 날이 다시 생기기까지 수많은 눈물과 한숨과 피가 흘러야 했다.

2004년 개봉된 〈효자동 이발사〉(임찬상 감독)는 이 기막힌 시절로 우리들을 불러들인 영화다. 효자동이라는 동네는 눈이 돌아갈 정도로 빠르게 변해 버린 서울에서도 세월이 비껴간 듯 예전의 모습을 하고 있는 곳이다. 청와대를 이웃한 덕에 집을 고쳐 짓지도 못하고 길도 새로 내지 못하다 보니 지금도 동네 자체가 도심 속의 타임캡슐과도 같은 모습이다.

이 고색창연한 동네에 있는 이발소가 우리를 그때 그 시절로 안내하는 타임머신이고, 그 안내자는 이발소 주인 성한모(송강호 역)의 아들 성낙안(이재응 역)이다. 굵고 짧게 살기보다는 가늘고 길게 살라고 붙여준 이름과는 달리 권력의 중심부 가까이에서 태어난 덕에 팔자가 꼬인 낙안이의 눈으로 돌아본 기억은 역사적 사실과는 사뭇 모양새가 다르되 진실을 비켜가진 않는다.

이승만에서 박정희를 거쳐 전두환에 이르기까지 시작은 그럴 듯하다가 마무리는 부끄럽기 짝이 없던 세 대통령의 부침을 지척에서 함께 겪어내는 이발사 성한모는 썩 자랑스러운 아버지가 못 된다. 고용주라는 쩨쩨한 권세를 무기 삼아 버젓이 정혼자가 있는 여종업원 민자(문소리 역)를 덜컥 임신시키더니, 아이를 못 낳겠다는 이 여자를 '사사오입'이 법이라는 시대 정서로 밀어붙여 부인으로 만든 위인이다. 어쩌다 '각하'의 이발사가 되고 나서도 그럴 듯하게 폼 잡을 일보다는 혹시라도 '용안'에 상처내면 어쩌나 가슴 졸이고, 실컷 봉사하고도 정강이 차이지 않으면 다행인 줄 아는 소심하기 짝이 없는 아버지.

불의고 뭐고 간에 그저 굽신굽신 몸을 낮추는 것도 죄로 쌓인다는 것을 이 아버지에게 깨닫도록 하기 위해 시대가 요구한 제물이 아들이다. 나라가 하는 일이 그저 옳은 줄 알고 자기 손으로 파출소에 데려간 어린 아들이 고문 끝에 다리가 허물어져 돌아오고 나서야 아버지는 비로소 아닌 건 아니라는 걸 깨닫는다.

고문을 받으면서 비명을 지르는 대신 까르르 깔깔 웃어대며 아버지를 지켜주느라 만신창이가 되어버린 어린 아들이 다시 온전히 걷게 되기 위해서 필요한 것은 단지 세월과 정성만이 아니라 숨어서라도 우상의 눈을 후벼 파는 작은 용기라는 것을 배운 것이다. 그 깨달음 덕에 묵사발이 되더라도 다시는 그릇된 흐름에 가위질 하나 보태지 않게 되기까지 아버지는 참으로 기나긴 세월을 겪어야 했다.

무학스님이 5백 년 도읍지라던 한양은 이제 서울이 되었고, 청와대는 5백 년이 지나 6백여 년 동안 권력의 중심이었다. 이제는 관광지가 되었으나 그동안 청와대를 중심으로 벌어졌던 모진 시절은 잊혀지지 않을 것이다. 영화처럼 돌이켜보면 기막히고 우스꽝스러울지라도 막상 겪을 때는 얼마나 끔찍한 것이었는지, 아이들에게 만신창이가 된 나라를 물려줄 것인지, 그보다 어영부영 아이들 자체를 만신창이로 만들어버리고 말 것인지, 우리 모두 이 봄, 다시 지난 역사를 되돌아보고 새로운 대통령이 새로운 거처에서도 그 역사를 잊지 말기를, 더 나은 나라를 이끌어나가기를.

공간이 의식을 지배한다는 믿음으로 거처를 옮긴 대통령 당선자가 당대 최고 풍수지리 전문가이자 왕사였던 무학대사께서 이름 없는 노인의 말에도 배움을 구했던 그 마음가짐을 잊지 않고, 국민들의 말에 귀 기울이며 새로운 거처에서 새로운 국정을 펼쳐 가기를 바란다.

바미안 석불을 무너뜨린 것은 누구인가?

칸다하르(2001)

오랜 침략과 내전으로 지금은 만신창이가 되어 안타까운 나라 아프가니스탄은 동서양의 길목에 있다 보니 기원전부터 문명이 번성하던 황금의 제국이었다. 특히 아프가니스탄에 세계 최대 규모의 마애석불인 바미안 대불을 비롯해 찬란한 불교유적이 많은 까닭은 이 지역이 불교미술의 정점이었던 간다라 미술이 비롯된 곳이기 때문이다.

현재의 파키스탄과 아프가니스탄의 일부 지역에 걸쳐져 있는 인더스강의 지류인 카불강 하류에 자리한 평원

‘간다라’는 그리스와 인도가 교류하던 지역이었고 이곳에서 꽃피운 불교 문명은 동서양 문화사에 두루 영향을 미쳤다.

특히 힌두쿠시 산맥의 절벽에 2만 개가 넘는 동굴을 파고 이루어진 바미안 석굴 사원에는 암벽에 새긴 마애불이나 동굴을 뚫고 그 안에 조각한 불상들이 많았는데 가장 큰 불상은 무려 53m 높이의 대불이었다.

자연과 예술의 조화를 이룬 이 장엄하고 아름다운 석불은 그러나 이제 세상에 없다. 세월의 풍화 작용으로 깎여 나간 것도, 천재지변으로 무너져 내린 것도 아닌데 한순간 사라져 버렸다. 2001년 3월, 탈레반이 이슬람 원리주의를 지킨다면서 전 세계가 안타깝게 지켜보는 가운데 로켓포를 쏘아 파괴해 버렸기 때문이다.

그해에 이란 출신 망명 감독 모흐센 마흐말바프의 〈칸다하르〉가 칸 영화제에 경쟁작으로 초청되었다. 〈칸다하르〉는 캐나다에서 활동하는 아프가니스탄 출신 여성 저널리스트 나파스의 귀향 로드 무비다. 이미 1987년, 〈자전거 선수〉에서 아프가니스탄 이민자의 문제를 다뤘었다.

이 영화를 보고 찾아온 배우 닐로우파 파지라는 어린 시절 단짝 친구를 절망의 땅에서 구하고자 했던 자신의 이야기를 들려주었다. 이 이야기에 감동받은 마흐말바프 감독은 그 이야기를 바탕으로 닐로우파 파지를 주인공으로 캐스팅한 〈칸다하르〉에서 아프가니스탄 현장으로 들어갔다. 실제 현장의 기록영상과 극영화의 이야기를 엮어서 이 고통이 허구가 아니라 실제라는 것을 생생하게 전달한 이 영화는 보는 사람에게 호소한다. 구경만 하지 말고 제발 뭐라도 하라고. 하다못해 아프가니스탄에 사람이 살고 있다는 것을, 그 사람들이 어떤 처지에 있는지를 알기라도 하라고.

바미안 석불이 파괴되는 장면을 보고서야 아프가니스탄에 관심을 보이는 사람들에게 마흐말바프 감독은 "석불은 파괴된 것이 아니다. 부끄러워서 스스로 무너진 것이다."라고 호소했다. 이런 호소에도 불구하고 여전히 사람들은 아프가니스탄 사람들보다 석불을 더 귀하게 여긴 게 분명하다. 석불이 무너지고 영화가 발표된 해에 바로 탈레반은 9·11 테러 이후 오사마 빈 라덴을 추적하는 미국에 의해 축출되었다.

그러자 바로 유네스코는 바미안으로 달려가 거액을 들여 지금까지 석상 복원에 매달리고 있다. 돌조각 하나하나를 이어 붙이는 수고는 언제 끝날지 알 수가 없다. 그러는 동안 미국은 아프가니스탄을 내전의 소용돌이로 몰아넣었고, 자신들도 그 수렁에서 만신창이가 되었다가, 아무 뒷감당도 하지 않고 느닷없이 떠나 버렸다. 그 자리에 다시 탈레반이 돌아왔으니 바미안 석불께서는 자신보다 사람을 먼저 돌아보라고 다시 부끄러움을 느끼셨을 것이다.

〈칸다하르〉로 돌아가는 나파스의 여정을 따라가 보자. 아프가니스탄 출신으로 현재 캐나다에서 저널리스트로 살고 있는 나파스(닐로우파 파지)는 고향 칸다하르에 살고 있는 여동생에게서 편지를 받고 위험을 무릅쓰고라도 아프가니스탄 칸다하르로 가기로 한다. 편지에서 동생은 20세기 마지막 개기일식이 일어나는 날 자살하겠노라는 절망을 토로했고, 나파스는 동생이 죽도록 내버려 둘 수는 없었던 것이다.

고향이라지만 칸다하르로 쉽게 갈 수 있는 게 아니다. 이슬람 원리주의 중에서도 여성에 대한 억압이 심한 탈레반이 샤리아법으로 지배하는 아프가니스탄에서 여성은 아버지나 남편, 형제와 같은 남성 없이는 혼자 어디에도 갈 수 없기 때문이다. 더구나 서양물 먹고 직업까지 가진 여성이라는 게 발각되기라도 하면 동생을 구하기는커녕 나파스 자신의 목숨이 먼저 위험해질 것이다.

칸다하르로 가는 한 가족의 네 번째 부인으로 위장해서 여행길에 올랐으나 그 길이라고 안전한 것이 아니다. 느닷없이 강도를 만나 혼자 사막에 남겨지고, 천신만고 끝에 사막을 벗어나 코란학교 퇴학생인 칵의 안내를 받아 다시 칸다하르로 향하지만 위생이 엉망이다 보니 우물물을 잘못 마셔 병에 걸린다. 신분이 발각될 위험을 감수하고 찾아간 임시 병원에서 나파스는 미국계 흑인 의사를 만나게 되는데, 사히브라는 이름의 이 의사는 사실 아프가니스탄이 소련과 전쟁을 치르던 시절, 소련과의 성스러운 전투에 참여하겠다며 자발적으로 아프가니스탄에 오게 된 예전 무자헤딘• 중의 한 사람이었다.

신을 찾겠다고 온 땅에서 본의 아니게 사람을 살리는 일을 하게 됐다는 사히브는 나파스가 칸다하르로 들어갈 수 있도록 도와준다. 덕분에 나파스는 적십자 막사에서 만난 남자와 함께 칸다하르로 가는 결혼식 무리에 섞여 칸다하르로 겨우겨우 들어서지만 개기일식은 이미 시작되어 버린다. 저 해가 완전히 가려졌다 나타나기 전에 동생에게 닿을 수 있을 것인가?

〈칸다하르〉에서 주인공은 내내 부르카를 입고 있다. 이슬람 의복 가운데서도 부르카는 머리만 가리는 히잡이나 눈은 내놓을 수 있는 니캅에 견줄 바가 아니다. 아예 온몸을 뒤덮고 망사로 눈 부분만 간신히 듬성듬성 틈이 있는 형형색색의 이동식 새장과도 같은 옷이다. 그 부르카를 둘러쓴 여성들이 여성들끼리만 있을 때는 손톱에 물도 들이고 단장도 한다. 부르카의 색상은 아름답지만 그 안의 여성은 더 아름답다. 내보일 수 없어도 치장을 멈추지 않는

•
성전을 치르는 전사

여성들의 모습은 기이하고 애처롭다.

마흐말바프의 카메라는 여러 번 지상을 벗어나 하늘에서 내려다본다. 처음 나파스가 캐나다에서 아프가니스탄을 향해 오는 비행기 안에서나 적십자가 구호품을 낙하산에 매달아 흩뿌리는 장면은 애달프다. 높은 하늘에서 보기에는 아름다운데 땅에 가까워지고 사람을 비추면 처참하기 이를 데 없다. 당장 먹을 음식이 아니라 의수나 의족이 떨어져 내린다는 건, 그리고 팔다리가 없는 사람이든 멀쩡한 사람이든 그 의수나 의족을 차지하기 위해 안간힘을 쓴다는 건 조만간 팔다리를 잃게 되리라는 두려움 때문일 것이다. 그걸 아는 적십자는 팔다리 잃을 전쟁을 막는 대신 의수와 의족을 내려 보낸다. 영화 촬영 도중에 굶주림으로 죽어가는 난민들을 보며 충격을 받기도 했다는 감독은 장면 사이사이에 안타까움을 벼려 놓았다.

탈레반이 지배하던 당시 아프가니스탄에서는 모든 이미지, 모든 재현은 금기였다. 그림도, 사진도, 영화도 완벽하게 금지였다. 그런 금지된 땅에서 촬영된 영화 〈칸다하르〉는 여성들이 부르카 틈으로 세상을 보듯 아프가니스탄을 보여 주는 영화다. 카메라는 담아야 할 모든 것을 담을 수 없는 대신 담을 수 있는 한계 자체를 보여 준다. 나파스가 부르카 안에 꼭 쥐고 있는 녹음기처럼 본대로 전할 수는 없어도 듣고 기록해서 남기려고 하는 듯이.

감독이 〈칸다하르〉를 촬영할 때 함께했던 막내딸 하나 마흐말바프는 2007년에 발표한 〈학교 가는 길〉에서 바미안 지역의 무너진 석불을 찾아간다. 이 영화의 주인공 박타이는 재미있는 이야기를 배우고 싶어 달걀을 팔아 연필과 공책을 사서 학교로 향한다. 설렘으로 가던 여섯 살 박타이가 무너진 불상 근처를 지날 때 근처에서 놀던 사내애들이 막아선다. 불상 조각을 무기 삼아 탈레반과 미국 흉내를 내는 사내애들은 다른 여자아이들과 박타이를 염소와 함께 동굴에 가두고 전쟁놀이에 열중한다.

그러고도 또 한참 지난 지금 다시 탈레반이 아프가니스탄을 접수했다. 그리고 아프간에서 '세상의 모든 영화인들과 시네필에게 드리는 편지'가 우리가 사는 바깥 세상으로 보내졌다. 여성으로서 영화감독이자 아프가니스탄 유일의 국영 영화사 아프간필름 대표직을 맡고 있는 사라 카리미는 이 편지에서 절절하게 호소하고 있다. "우리는 여러분의 목소리가 필요합니다. 영화인으로서 제가 아프간에서 어렵사리 쌓아온 모든 것들이 무너지려고 합니다. 만약 탈레반이 권력을 장악한다면 모든 예술행위를 금지할 것입니다. 저를 포함한 다른 영화인들도 이들의 처형 리스트에 오르게 될 것입니다. 이들은 여성의 권리를 짓밟을 것이며 우리를 집안의 그림자처럼 밀치며 우리의 목소리와 의사 표현을 짓누를 것입니다."

"우리는 시간이 너무 없습니다. 아마 며칠밖에 없을 겁니다."라고 끝맺는 이 편지는 20여 년 전 나파스의 여동생이 보낸 절박한 편지 그대로이다. 개기일식이 끝나기 전, 탈레반이 예술행위를 금지하기 전, 모든 여성을 부르카 안에 가두고 채찍으로 다스리기 전, 우리는 그들의 손을 잡을 수 있을까? 바미안의 석불들이 돌조각으로 무너져 내린 그 자리에서 복원되기는커녕 모래 알갱이가 흩어버리지 않도록 할 수 있을까?

입양, 자리행이자 이타행인 지극한 인연

필로미나의 기적(2014),
피부색깔 = 꿀색(2014)

『부모은중경』에서는 어머니 품에 품고 지켜 주는 은혜, 해산 날에 즈음하여 고통을 이기시는 은혜, 자식을 낳고 근심을 잊는 은혜, 쓴 것을 삼키고 단 것을 뱉어서 먹이는 은혜, 진자리 마른자리 가려 누이는 은혜, 젖을 먹여서 기르는 은혜, 손발이 닳도록 깨끗이 씻어 주시는 은혜, 먼 길 떠나면 걱정하시는 은혜, 자식을 위해 나쁜 일까지 짓는 은혜, 끝까지 불쌍히 여기고 사랑해 주는 은혜인 부모의 열 가지 큰 은혜가 한량없이 크고 깊으니 성심으로 보답해야 한다고 가르친다.

이 가르침을 짚어 보면 부모에게는 자식에게 이토록 정성을 다해야 한다는 소명이 있다는 것이기도 하다. 그렇게 은덕을 쌓지 않으면 제대로 된 부모라고 할 수 없는 것이다. 생물학적 출산이 되었든 제도적 입양이 되었든 부모와 자식의 연은 가장 지극한 인연이다. 그 인연이 선업이 되도록 하는 일은 부모의 몫이다.

'가슴으로 낳은 아이', 입양으로 가족을 만나는 아이를 우리는 이렇게 부른다. 가족이 없던 아기가 입양 가족을 만나 양부모의 품에 안기게 되는 것은 육신을 가진 엄마가 열 달 배 속에 품어 낳은 아이와 마찬가지로 소중한 존재이고, 그렇게 아이를 가족으로 받아들이는 것은 영혼을 다해 생명을 낳고 기르는 귀한 일이라고 여기기 때문이다. 그리고 실제로 이렇게 입양이라는 과정이 가슴으로 생명을 낳는 것과 다르지 않다는 것을 보여 주는 가족들도 있다.

그런데 2020년 10월, 한 아기가 입양 가정에서 오랜 학대 끝에 처참하게 죽어 간 일이 우리 사회를 충격에 빠뜨렸다. 방긋방긋 밝게 웃던 아기가 멍들고 상처 입고 뼈가 부러지고 내장이 끊어지기까지, 신고도 있었고 의사도 있었고 경찰도 있었고 국가기관과 입양기관도 있었지만 정인이의 웃음은커녕 생명도 지켜 주지 못했다.

'베이비박스'라는 게 있다. '아기'라는 말 뒤에 안전하고 평화롭게 품어 주는 요람도 아니고 포대기도 아닌 물건 따위를 담는 도구 가운데 가장 흔해 빠진 '상자'가 붙은 이 말은 아직 국어사전에는 오르지 못했다. 그런데도 '베이비'라는 말 따로, '박스'라는 말 따로 띄어 쓰는 것이 아니라 두 외래어를 붙여 한 낱말로 쓰는 게 공식적으로 인정된 용어다. 아기든 상자든 우리말이 없는 것도 아닌데 굳이 영어를 갖다 붙여 만든 이 말은 '부득이한 사정으로 아기를 키울 수 없는 산모가 작은 철제 상자 안에 아기를 두고 갈 수 있도록 만든 것으로, 유기되는 아이들의 안전을 위해 만들어졌다'는 장치의 이름이다. 그러니까 아기 버리는 상자를 굳이 영어로 포장한 까닭은 그래야 덜 비인간적으로 보이리라는 생각에서였을 것이다.

베이비박스가 아동 유기를 부추긴다는 논란이 있든 말든 점점 더 많은 아기들이 이 서글픈 상자를 통해 보호 시설에 넘겨지고, 이렇게 넘겨진 아기들 가운데 많은 수는 보살핌을 받아야 한다. 기왕이면 시설이 아닌 가정에서. 이 아이들이 새로운 가족을 만날 수 있는 길은 입양이다. 그런데 해외 입양 순위가 무려 6위인 이 나라에서는 많은 아기들이 국내가 아니라 해외로 입양된다. 이런 해외 입양에 대한 두 편의 영화를 짚어 보자. 한 편은 외국 영화, 또 한 편은 한국 영화다.

〈필로미나의 기적〉(스티븐 프리어스 감독)은 특종을 쫓는 전직 기자 마틴(스티브 쿠건 역)이 50년 전 잃어버린 아들을 찾는 할머니 필로미나(주디 덴치 역) 이야기로, 한 건 터뜨려 보려다 아이를 찾는 개인의 여정이 곧 가난에서 벗어나기 위해 돈을 받고 수천 명의 아이를 이민 보낸 국가의 역사라는 것을 돌이켜보게 하는 영화다.

한국의 베이비박스가 종교기관에서 운영되듯, 얼떨결에 남자친구와 관계를 맺고 미혼모가 된 어린 필로미나가 아기와 함께 기댄 곳은 수녀원이다. 그런데 수녀원은 필로미나에게 묻지도 않고 어린 아들을 미국으로 강제로 입양시킨다. 그 대가로 돈을 받고서. 이 시기, 이렇게 강제 입양된 아이가 무려 1만 명이 넘었다고 한다.

2009년, 영화의 원작이 된 전 BBC 기자 마틴 식스미스의 책 『잃어버린 아이』가 출간된 후 아일랜드에서는 총리가 직접 사과문을 발표하고, 입양 실태를 조사했으며, 영화가 개봉되고서는 실제 아일랜드 미혼모들이 시위를 벌여 큰 화제를 낳았다. 프란치스코 교황이 직접 수녀원의 잘못을 인정하고 실제 인물 필로미나와 영화의 주연배우 스티브 쿠건을 직접 만나서 이야기를 나눈 것이 화제가 되기도 했다.

〈필로미나의 기적〉은 〈수잔 브링크의 아리랑〉(장길수 감독), 〈모노폴리〉(이향배·박상훈 감독), 〈국가대표〉(김용화 감독), 〈마이 파더〉(황동혁 감독)와 같이 해외로 입양된 아이들이 자라서 겪는 문제를 다룬 한국 영화들이 해외입양이라는 문제를 개인적 차원에서 다루는 데서 더 나아간다.

해외 입양, 그것도 돈을 대가로 이루어지는 입양은 일종의 생명을 자원 삼는 수출 사업이다. 종교기관이 아이를 수집하고, 입양단체는 아이를 수출한다. 그 과정을 국가가 승인하는 것이다. 이런 상황에서 미국에 입양된 지 104일 만에 세 살배기 어린 아기 현수가 양부에게 맞아 세상을 떠났어도 국가는 아무런 책임을 지지 않는다. 한국에서 현수를 맡아 기르다 직접 입양하려 했던 위탁부모의 요청을 거부하고 미국으로 입양 보내게 된 건 국내입양비보다 해외입양비가 더 높기 때문이었다.

필로미나가 아들을 찾은 것은 그야말로 기적과도 같은 일, 세상에 흔치 않은 경우이기 때문이다. 국가가 있는 이유, 그 국가에 세금을 내고 생명과 관련된 일을 맡기는 이유는 기적이 아니라 일상의 행복을 위해서이다.

한국 해외입양아로서 감독이 자신의 이야기를 담은 〈피부색깔 = 꿀색〉이라는 영화가 있다. 이 영화 감독의 이름은 둘이다. 융 헤넨Jung Henin 그리고 전정식. 엄마도 둘이다. 한 사람은 감독이 자라는 동안 곁에서 먹고 자고 싸우고 반항하기도 하다 힘들 때 그 품에 돌아갈 수 있는 벨기에 억척 엄마, 또 한 사람은 늘 그리워했지만 얼굴도 차림도 목소리도 기억나지 않아 상상으로만 그려보는 한국 엄마. 벨기에 엄마는 자라는 동안 보살핌을 주었고, 한국 엄마는 생명과 '꿀색' 피부를 주었다.

융·전정식 감독이 이렇게 두 이름으로 살게 된 건 1971년, 다섯 살 꼬마일 때 남대문시장에서 헤매다 경찰의 손으로 해외입양단체인 홀트아동복지회에 넘겨지면서 서류에 누군가가 '피부색깔=꿀색', 그리고 '입양추천'이라고 적어 놓았기 때문이다.

처음 꼬마 정식이가 거리에서 발견되었을 때, 그 아이가 길을 잃었는지 아니면 버려졌는지를 제대로 알아보려고조차 하지 않은 상태에서. 그래서 꼬마 정식이는 태어난 나라 한국에 대한 기억을 지닌 채로 입양아 융이 되었다. 자라면서 기억은 어렴풋해지고, 그러다 보니 상상과 현실이 뒤엉켜 점점 한국은 그리우면서도 서럽고, 그러다 차라리 부정해 버리고 싶은 그런 나라가 되었다.

기억 속의 한국은 1970년대가 아니라 마치 한국전쟁 직후의 상황처럼 꾀죄죄하지만, 상상 속의 엄마는 얼굴은 몰라도 단정하고 아름다운 모습으로 자꾸 생각난다. 양부모나 친구들, 학교 선생님과 부딪치기라도 하면 자신이 이방인이라 그런가 싶어 자꾸 엇나가게 된다.

아이들은 자라는 동안 피부색깔이 같고 얼굴만 봐도 딱 뉘 집 자식인지 알만큼 쏙 빼닮은 친부모인 게 분명할 때도 자신이 누구인지, 왜 태어났는지, 정말 저 어른들이 나를 낳은 부모가 맞는지 의심해 보곤 한다. 말썽에 휘말리거나, 야단을 맞게 되거나, 삐딱하게 세상에 반항하는 시기에는 더욱 그렇다. 그러니 피부색깔이 다르고, 입양되던 날의 기억까지 또렷하고, 주위에서 다른 입양아들과 맞닥뜨리는 일이 자주 있는 경우라면 얼마나 그 고민이 깊었겠는가?

융·전정식 감독은 〈피부색깔 = 꿀색〉에서 기억과 현실, 그리고 상상을 오가면서 자신의 이야기를 때로는 애니메이션으로, 때로는 과거에 찍어 둔 사진과 홈비디오 기록으로, 때로는 어른이 되어 다시 찾은 한국을 바라보는 다큐멘터리 영상으로 이런 절절한 고민을 내보인다.

해외입양은 부모 잃은 아이에게 국적과 피부색깔을 초월해서 가정을 마련해 주는 것처럼 보이지만, 사실은 평생토록 이방인으로 살아가도록 하는 멍에를 지우는 일이라는 것을 바로 감독 자신의 이야기를 통해 생생하게 펼쳐 보인다. 그러니 해외입양은 문제를 해결하는 것이 아니라 상처를 곪게 하는 일이며, 그 상처는 평생토록 아물 수 없는 흉터로 남게 된다며, 자신의 깊은 흉터를 내보인다.

영화에도 나오지만 1971년, 꼬마 정식이가 입양 갈 때 필요한 서류는 대한민국 국민이라는 신분을 증명할 여권이었고, 2014년, 미국 입양 104일 만에 양부에게 맞아 숨진 아기 현수도 법적으로 한국 국민으로서의 보살핌을 받을 권리가 있었다. 여권이며 국적이 보장하는 것이 입양 보낼 단체의 자유가 아니라 입양 당사자 아이에 대한 국가 전체의 책임이 되지 못한다면 그런 서류 조각이 무슨 소용이 있는 것일까?

융·전정식 감독은 평생토록 고민해 왔다. '나는 유럽인인가? 아시아인인가?, 나는 한국인인가? 벨기에인인가?'라고. 영화 말미에 '나는 유럽인이면서 아시아인이다. 나는 한국인이면서 벨기에인이다.'라고 인정하기까지 겪었던 아픔이 되풀이되지 않도록 하려면, 미국에 입양된 지 104일 만에 세 살배기 어린아기 현수가 양부에게 맞아 세상을 떠났어도, 16개월 아기 정인이가 입양 8개월 만에 양모에게 맞아 세상을 떠났어도 국가가, 제도가, 법이 아무런 책임을 지지 않는 일이 다시는 벌어지지 않도록 하려면 입양에 대한 우리 모두의 인식이 바뀌어야 한다.

무엇보다도 국가와 사회 전체가 남을 돕고 남의 생명을 지키려는 노력이 결국은 자기 자신의 행복이 된다는 자리이타행의 가르침을 새기고 부모의 마음으로 열 가지 은혜에 갈음하는 지극한 정성을 기울여 모든 아이들을 보살피고 키워야 한다. 그 보답은 바로 아이들의 환한 웃음과 행복한 미래로 돌아올 것이다. 그런 세상이 바로 정토가 아니겠는가.

여우귀신 이야기에 담긴 시대정신과 믿음

천년호(2003)

여우귀신은 민담에서 자주 등장하는 요물이다. 여우에 암컷만 있을 리가 없건만, 여우귀신은 대개 아리따운 여인의 모습을 하고 사내를 홀리며, 사람의 간을 빼 먹고, 집안을 망하게 하는 존재로 그려지곤 한다.

사실 동물이 사람의 조상이라거나, 사람을 홀린다거나, 사람을 도와준다거나 하는 많은 민담들은 아주 오랜 옛날부터 동물과 더불어 살면서 사람들이 동물을 이해하고 설명하는 방식이었다. 사람과는 다른 능력을 가진 동물들은 때로 두려움의 대상이기도 했고, 서로에게 도움이 되는 동반자이기도 했고, 사람이 문명과 과학을 일구어 자연과 멀어지기 전에는 신령한 존재로 섬겨지기도 했다.

가령 한반도 일대에서 가장 강한 동물이었을 호랑이와 곰은 단군신화를 통해 고조선 건국신화에서부터 등장해서 우리 민족의 기원을 설명하고 있다. 강하고 끈기 있는 곰이 웅녀라는 여인이 되고, 사람 세상에 내려온 신의 아들 환웅과 결합하여 낳은 이가 단군이며, 그 단군은 정치가 종교와 하나이던 시절에 나라 무당이자 왕이 되었다는 것이다.

산과 들에 흔하던 여우는 쥐를 잡아먹는 포식동물로서 아주 옛날에는 사람들이 열심히 지은 농작물을 축내고 병을 퍼뜨리는 쥐를 없애주는 풍요의 신으로서 섬겨지기도 했다. 가령 중국에서는 신령한 여우를 호리정狐狸精 또는 호선狐仙이라고 높여 불렀고, 일본에서는 요호妖狐라고 하였으며, 한국의 고전 서사 기록에서는 매구나 여우귀신으로 부르는 경우가 많았다. 그러던 여우가 물리쳐야 할 요물이 된 것은 사람이 사냥감을 두고 여우와 경쟁하게 되고, 애써 기른 가축을 여우로부터 지켜야 하고, 산속 무덤에 묻은 시신을 파헤치는 불길한 짐승으로 사람 근처에서 쫓아내야 했기 때문이리라.

문명이 발전하면서 세상의 이치와 도리를 가르치는 종교에 대한 믿음이 필요해졌고, 고대국가가 틀을 잡던 시기에 부처의 가르침이 이 땅에도 전해지면서 때론 길하기도 하고 때론 흉하기도 한 동물에 대한 두려움과 신비감에서 비롯된 종교를 벗어나게 되었다. 새로운 세계관과 가치관인 불법을 중생이 받아들이는 과정에서 세상을 어지럽히는 요괴를 법력으로 퇴치하고 평안을 가져왔다는 숱한 기담과 설화가 생겨났고, 그중에 하나가 여우귀신 이야기로 남게 되었다. 그러니까 이런 귀신 이야기는 시대적 해석과 맥락을 통해 역사를 대중의 입장에서 재구성하는 귀한 자료다.

가장 대중적인 매체인 영화 역시 그 여우귀신 이야기

를 놓치지 않고 스크린에 담아냈는데, 한국영화사에서 장르 영화의 대가로 손꼽히는 신상옥 감독이 여우귀신 이야기를 처음으로 영화화한 것이 바로 1969년작 〈천년호〉다.

신상옥 감독은 어느새 백 주년을 넘긴 한국영화사에서 남북한뿐만 아니라 홍콩, 미국을 넘나들며 영화를 만들고, 그렇게 만든 영화의 작품성과 대중성으로 최고의 자리에 이름을 올린 영화 제작자이자 감독이며 촬영기사였다. 일제강점기에 경성중학교와 일본의 도쿄미술전문학교를 졸업하며 예술가로서의 바탕을 다지고 최인규 감독 밑에서 조감독 생활을 하면서 영화계에 발을 들였고, 한국전쟁이 한창이던 1952년에 공군촬영대 소속으로 복무하면서도 〈악야惡夜〉라는 작품을 만들어 감독으로 데뷔했으니, 식민지 지배나 전란이 한창인 상황에서도 영화에 대한 열정으로 시대를 헤쳐나간 영화인 그 자체였다.

이후 1960년대에 〈사랑방 손님과 어머니〉(1961)로 제1회 대종상영화제 감독상을 비롯해 제9회 아시아 태평양 영화제 최우수작품상, 제5회 부일영화상 여우주연상(최은희), 최우수 감독상, 최우수 작품상을 수상하는 등 국내외에서 뛰어난 작품성을 인정받았고, 같은 해 개봉한 〈성춘향〉(1961)은 무려 35만 명이라는 엄청난 관객을 극장에 불러들이면서 대중적, 상업적으로도 최고의 흥행 감독이 되었다.

고전, 로맨스부터 판타지와 뮤지컬까지 영화의 소재로 삼아 '장르의 대가' 라고 불렸던 신상옥 감독은 〈천년호〉를 비롯해 〈사녀〉, 〈이조괴담〉, 〈백사부인〉 등 공포 영화에서도 역사적 사건과 인물, 동양의 고전을 바탕으로 아름다우면서도 서늘한 장르적 성취를 이루어 냈다. 특히 이들 공포영화에서는 뱀, 고양이, 여우 등 요괴가 서럽고 억울한 일을 당해 한을 품은 여성의 모습으로 등장해 세상을 혼란과 공포로 휘저을 때, 홀연히 법력이 높은 스님이 등장해 불심으로 요괴를 물리친다는 설정으로 한국 공포영화의 한 전범典範을 만들어 냈다.

가령 〈천년호〉는 삼국을 통일했던 신라가 망국적 상황으로 기울어가는 진성여왕 시대를 배경으로 하고 있다. 진성여왕은 신라 제51대 왕으로서 세 번째이자 마지막 여왕이다. 진성여왕 이후로는 고려에서도 조선에서도 더 이상 여왕이 나오지 않았다. 이전의 선덕여왕과 진덕여왕이 40대를 넘어선 중년에 즉위를 했으니 한국사 전체에서 갓 스물 정도에 왕위에 오른 '젊은 여왕'은 진성여왕뿐이었다. 사실 '여왕'이라는 것은 근대에 이르러 차별적으로 붙인 것이고, 기록에 따르면 선덕여왕과 진덕여왕이 각각 '선덕왕', '진덕왕'이라고 적혀 있듯이 진성여왕 역시 기록에는 '진성왕'이라고 되어 있었으니 그 당시 신라는 남녀에 크게 차별을 두지 않던 문화였을 것이다.

진성여왕은 당대 최고의 문장가이자 관료였던 최치원이 작성한 '성광사 낭혜화상 백월보광탑비聖住寺 朗慧和尙白月光塔碑'에는 '왕의 은혜가 바다같이 넘쳤다'라며 성군으로 묘사되고 있는 반면 후대의 유학자 김부식의 삼국사기에 따르면 '임금이 평소 각간 위홍과 간통했는데 그가 죽자 혜성대왕惠成大王으로 봉했으며, 위홍이 죽은 후 임금이 은밀히 미소년 두세 명을 궁에 끌어들인' 음탕하고 문란한 군주로서 나라를 멸망으로 이끈 암군으로 폄하된 것은 시대상황에 대한 책임을 망국 상황에 왕위에 있던 인물에게 돌리고, 새로 건국된 고려를 정당화하려는 역사적 편향 때문일 것이다.

이렇게 당대에는 성군으로, 후대에는 암군으로 극단적 평가를 오가게 된 진성여왕 재위 당시에는 원종·애노의 난이 일어나고, 견훤이 무진주를 점령한 뒤 스스로 왕을 칭하고, 도적이 들끓는 등 정국이 혼란스럽고 그런 신라의 상황을 제대로 수습하지 못해 결국 신라가 멸망하게 되었던 과정을 신상옥 감독은 〈천년호〉에서 여우귀신 이야기로 풀어낸다.

도적떼를 물리치고 돌아온 훤칠하고 용맹한 젊은 장수 김원랑(신영균)이 진성여왕(김혜정)의 유혹을 받게 되고, 원랑의 착하고 아름다운 아내 여화(김지수)가 여왕의 흉계로 도성 밖으로 쫓겨난다. 아기를 안고 산속을 헤매던 여화는 산적을 만나 도망치다가 아이는 산적의 손에 죽고 여화는 호수에 몸을 던지고 만다. 여화가 산적을 피해 몸을 던진 호수는 천 명의 사람을 잡아먹어야만 하늘로 올라

갈 수 있다는 천 년 묵은 여우의 혼이 서려 있었고, 여우는 한을 품고 호수에 들어선 여화의 몸을 빌린 대가로 여화의 목숨을 살려 주게 된다. 죽은 줄 알았던 여화가 돌아오자 원랑은 정성껏 보살피지만 여화는 밤이 깊어지면 일어나 요괴가 되어 산속으로 들어가 아이를 죽인 산적들을 차례로 해치우고, 왕궁에까지 침입해 궁궐을 휘저으며 여왕을 죽이려고 하지만, 날이 밝으면 아무것도 기억하지 못하고 다시 여화 자신으로 돌아온다. 이런 일이 되풀이되면서 여화에게 천년호의 혼이 씌었다는 것을 알게 된 원랑이 백운대사(지방열)를 찾아가 여화에게 붙은 천년호의 혼을 없애 달라고 간청하자 백운대사는 여우귀신을 몰아내고자 여화를 절에 데려가 축귀 의식을 행한다. 그런데 하필 이날 밤, 자신을 죽이려는 천년호가 여화라는 것을 알게 된 진성여왕이 여화가 있는 절에 불을 지르게 하고 천년호에 사로잡힌 여화는 절에서 달아나 무시무시한 살생을 저지르다가 새벽닭이 울 무렵 원랑의 칼에 죽어가면서 다시 자신으로 돌아온다. 원랑은 이런 혼란 중에 여왕 자리에서 쫓겨나고도 자신을 찾아와 사랑을 고백하는 진성여왕을 뿌리치고 눈이 오나 비가 오나 여화의 무덤을 지킨다. 오랜 세월이 지나 원랑을 찾아온 백운대사가 앉은 채로 해골이 된 원랑을 발견한다는 것이 영화의 줄거리다.

무시무시하면서도 애틋한 〈천년호〉에 대해 영화학자 안진수는 '당대의 급격한 사회 변화가 야기한 기이한 윤리적 변형'의 작품으로 설명한다. 권력자의 실패나, 그 권력자가 벌이는 윤리적으로 잘못된 행동은 죄가 되지 않고 애꿎은 피해자들에게 그 죄가 돌아가는 서사로 설명하는데, 이때 영화 안에서 바른 윤리로 시대를 꿰뚫는 존재는 백운대사이다. 불법으로 요괴를 물리치고 상황을 바로잡고자 하지만 혼란한 정치가 파국으로 치닫게 되는 영화의 상황은 한과 공포의 처참한 상황을 슬픔으로 승화시키는데, 이런 승화를 자연스럽고 아름답게 이끌어 가는 것이 바로 백운대사로 상징되는 불법에 대한 믿음, 정화된 카타르시스가 아닐까?

〈천년호〉는 스페인의 대표적인 국제영화제인 제3회

시체스환상공포영화제에서 황금감독상을 수상하면서 국제적으로도 높은 평가를 받게 되었고, 이후 〈전설의 고향〉과 같은 TV 드라마에서 여러 차례 되풀이되기도 했고, 같은 제목으로 2003년에 블록버스터 영화로 리메이크될 정도로 여우 귀신 이야기는 한국의 대표적인 공포 서사가 되었다.

〈천년호〉를 본 관객이면 누구나 백운대사가 법력의 힘으로 막 여우귀신을 요괴의 몸에서 쫓아내려고 할 때 권력자의 그릇된 판단으로 결국 한을 풀지 못하고 죽어가지만, 그 권력자 또한 권좌에서 쫓겨나 천년 왕국이 무너지는 데서 권력의 무상함을 느끼게 될 것이다. 특히 당대 관객들은 검열이 시퍼렇고 불교에 대한 탄압이 극심했던 정치 상황에서 역사를 빗댄 영화를 통해 믿음을 갖고 암울한 시대를 버텨 나갈 수 있었을 것이다.

그리고 오랜 역사를 가진 고찰마다 전하는 용이나 뱀, 두꺼비, 여우 등을 법력으로 물리친 자리에 고매한 스님이

절을 지으셨노라는 중창설화가 한갓 전설이 아니라 불교가 전파되는 과정에 대한 역사적 진실의 흔적이 깃든 믿음의 이야기라는 것을 되새기게 될 것이다.

하나의 씨 안에 담긴 복숭아는 몇 개일까

나랏말싸미(2019)

"복숭아 하나에 씨가 몇 개인지 누구나 알지만 복숭아 씨 하나에 몇 개의 복숭아가 있는지는 아무도 모릅니다."

영화 〈나랏말싸미〉에서 신미 스님(박해일 역)이 세종대왕(송강호 역)에게 한글을 만드는 과정에서 하는 말이다. 둘은 나라에 닥친 아주 난처한 문제를 해결하기 위해 만났다가 세상에 없던 복숭아를 만드는 일을 함께 하게 된다. 한글이라는, 지금까지 세상에 없던 놀랍고도 엄청난 복숭아를. 만들어 보는 데서 그치려는 것도, 자신들만 맛보고 뿌듯해 하기 위해서도 아니라 그 복숭아를 이 땅에서 우리 말을 쓰는 모든 이가 맛보고 널리 퍼뜨리기를 바라면서.

이 둘이 처음부터 뜻이 잘 맞는 단짝이었던 것은 아니다. 처음 만나서는 서로에게 낯설어하고, 서운해하고, 그러면서도 서로를 필요로 하고, 뜻대로 풀리지 않으니 다투고 원망하고 속을 끓이다 마침내 자신을 비우고 그 안에 상대를 담아내고서야 복숭아 하나를 만들어 낼 수 있게 된 것이다.

누구나 맛볼 수 있는 과일, 그러면서도 그 어떤 과일보다 입맛에 맞고, 한번 맛본 다음에는 열매가 사라지는 것이 아니라 그 씨앗이 세상에 퍼져 도대체 몇 개의 나무로 새로운 열매를 맺게 될지를 꿈꾸게 만드는 그 복숭아를 만드는 데 마침내 성공했고, 이제 우리는 누구나 한글을 쓴다.

한글이 만들어지기 전까지 이 땅에서 써 왔던 문자 가운데 한자는 백성들이 쉽게 맛볼 수 없는 지배계급을 위한 높은 곳의 과일이었고, 범어(산스크리트어)는 불가에서 따로 익혀 온 울타리 안의 과일이었다. 둘 다 삼국시대 무렵 외래에서 전해진 것이 조선까지 이어지며 지식을 담는 그릇의 역할을 해 온 문자들이다. 뜻글자인 한자는 고대부터 중세까지 동양 정치 이념의 바탕이 되는 유학을 통해 전해졌는데 익히기가 어렵기도 하려니와 문자 체계와 문장을 이루는 문법이 중국어를 바탕으로 하고 있어 우리말의 뜻을 제대로 담아내기에는 한계가 있었다. 소리글자인 산스크리트어는 힌두교·대승불교·자이나교 등 인도 전통 종교의 경전들을 기록한 문자를 한자 문화권에서 '범어梵語'라 번역한 것으로 종교적 가르침을 담기 위한 것이라 일상에서 쓰는 말과 생각을 담아내는 데까지 활용되지는 못했다. 그러니 글을 배우지 못한 백성들은 자신의 뜻을 담을 수도, 전할 수도, 남길 수도 없었다.

이런 상황에서 한글을 만들자는 데 모든 사람들이 기꺼이 힘을 보태고, 응원하고, 기뻐한 것은 아니었다. 오히려 문자가 자신들의 권력을 더욱 튼튼하게 지탱해 주는 특권이 되기를 바라고, 조선 왕실과 백성이 아니라 중국 황실과 유가 사상가들을 더 숭상하던 지배계층들은 우리말을 기록할 새로운 글을 만드는 일을 반대했고, 자신들의 반대에도 불구하고 마침내 한글이 만들어지자 여인들이나 쓰는 '암클'이라고 업신여기며 어떤 공식문서도 한글로 쓰지 않았다. 심지어 이제는 거의 모든 신문들이 한글만으로 펴내는데 조선일보는 아직도 국한문혼용 방침을 고집하고 있으니 그때는 오죽했을까?

물론 저 복숭아 이야기를 실제로 신미 스님이 한 것은 아니다. 영화에서 신미대사가 한글의 가치를 짚어내는 대사로 지어낸 것이다. 그러나 이 대사가 역사적 사실은 아닐지 몰라도 훈민정음에 대한 진실을 담고 있는 명대사라고 무릎을 치게 만드는 단순하면서도 깊은 울림을 전하는 장면을 만들어 낸다. 마찬가지로 〈나랏말싸미〉는 있었던 그대로의 역사적 사실을 영화로 만든 다큐멘터리가 아니라 영화가 시작하기 전 제일 앞에서 '이 영화는 훈민정음의 다양한 창제설 가운데 하나를 영화작품으로 재구성하였습니다.'라고 자막으로 밝혔듯이 한글이 만들어지기까지의 과정을 의미와 재미가 어우러지도록 만든 극영화다.

〈나랏말싸미〉에 대한 논란은 마치 영화 안에서 훈민정음 창제와 반포를 두고 벌어지는 논란과 너무도 닮아 있다. 영화가 역사를 왜곡했다며 비난하고, 관람을 거부하고, 댓글로 욕설을 퍼붓는 상황에서 최고의 연기자들이 열연한 작품이 극장에서 외면받아 결국 조기종영이라는 씁쓸한 길로 물러나게 된 것이다. 이 논란에는 영화가 얼마나 진실을 담고 있는지, 영화적 각색을 통해 역사적 사건이 우리 시대를 비추고 있는 메시지는 무엇인지, 영화적 짜임새는 어떠한지, 배우들의 연기와 촬영의 섬세함과 의상의 아름다움과 음악의 감동 같은 하나하나의 요소들이 어떻게 어우러지는지에 대한 이야기는 없다. 오로지 논란의 중심은 하나, '한글을 중인 신미가 만들었다고? 그건 역사 왜곡이니 꺼져!'라는 주장뿐이다.

오죽하면 안타까운 마음에 영화를 만든 조현철 감독이 직접 해명에 나서기까지 했을까? 감독은 "실존 인물 신미는 세종대왕과 밀접한 관련이 있는 인물입니다. 신미의 동생이자 집현전 학사이기도 했던 김수온의 문집 『식우기』 중 '복천사기'에 세종대왕께서 신미를 산속 절로부터 불러내 긴밀한 대화를 나눴다는 기록이 있고, 실록만 보더라도 수양대군과 안평대군이 스승처럼 모셨으며 세종대왕이 돌아가시기 두 달 전 신미를 침실로 불러 법사法事를 베풀었다는 기사들이 있습니다. 세종대왕의 유언으로 그에게 '선교종 도총섭 밀전정법 비지쌍운 우국이세 원융무애 혜각존자'라는 칭호를 내리기도 했습니다. 우국이세祐國利世는 '나라를 돕고 세상을 이롭게 한 자'라는 뜻입니다. 그리고 몇 년 뒤, 세조가 불경을 새 문자로 번역하기 위해 세운 간경도감의 책임자가 돼 학열, 학조 등 제자들과 함께 '능엄경언해'를 비롯한 언해불경•에 서문과 이름을 남겼습니다. 이런 근거 위에, 신미가 범어를 비롯한 외국어에 능통했고 대장경을 깊이 공부했다고 언급한 실록 기사들까지 감안하면 1443년 12월 이전의 역사 공백을 개연성 있는 영

•
불경을 '언문' 즉, 훈민정음으로 옮기는 일

화적 서사로 드라마화할 만한 근거는 되겠다고 판단했습니다."라고 간곡하고도 상세하게 설명을 하지만 이미 귀를 막은 이들은 들으려 하지 않고 있다.

강원도 오대산 월정사 성보박물관에는 신미 스님이 쓰신 상원사 중창에 대해 기록한 중창기문이 보관되어있다. 이 중창기문은 두 첩으로 되어 있는 필사본인 평창 상원사 중창권선문平昌上院寺重創勸善文 가운데 하나로 세조가 상원사를 중수한다는 소식을 듣고 물자를 보내면서 지은 글인 상원사 어첩과 함께 1997년에서야 국보 제292호로 지정되었으니 후대의 발견도 평가도 한참 늦었다고 할 수 있다.

이 문서들은 각각 한문 원문과 한글 번역으로 되어 있는데, 중창기문에는 신미와 학조 등 스님들의 수결과 낙관이, 어첩에는 세조와 왕비, 세자와 세자빈 및 거의 전국 관료들의 수결과 옥새가 찍혀 있다. 한글 번역본은 가장 오랜 필사본으로서 유명하며, 수결은 고문서연구의 귀중한 자료가 된다. 이 소중한 자료는 영화에서는 수양대군으로 등장했던 훗날의 세조와 상원사, 신미 스님과의 관계를 살필 수 있는 역사적인 사료이며, 훈민정음을 제정한 이후에 필사한 실제 문서 가운데 가장 오래된 유물로서 막 한글이 배포되기 시작한 조선 초기의 한글 서체를 살피는 데에 있어서 매우 귀중한 자료다.

기록에 남겨진 자료로 따져보자면 1443년 12월 세종대왕이 한글을 창제했을 때까지 집현전 학사들조차 그런 과정 자체를 모르고 있었다는 것이 역사적인 사실일 것이다. 한글 창제 이후 가장 심하게 반발하며 언문 제작의 부당함을 상소한 것도 바로 집현전 학사들이었기 때문이다. 한글 창제 두 달 후에 집현전 부제학 최만리, 직제학 신석조를 비롯해 김문, 정창손, 하위지 등이 올린 상소문을 보면 '만일 언문을 할 수 없어서 만드는 것이라면 이것은 풍속을 바꾸는 큰일이므로 마땅히 재상으로부터 백관에 이르기까지 함께 의논하여 의혹됨이 없는 연후에야 시행할 수 있는 것이옵니다.'라고 되어 있으니 이 엄청나고 위대한 일은 세종이 다른 누군가와 했다고 봐야 할 것이다. 그리고 많은 자료와 오랜 연구들은 신미 스님과 왕실 인사들이 연관되어 있다는 추정을 이끌어 내고 있건만 이런 추정을 바탕으로 한 영화 〈나랏말싸미〉에 대한 비난은 세종대왕의 업적을 신미 스님이 가로챈 것이라는 억지 주장으로 번지고 있다.

아무런 편견 없이 본다면 〈나랏말싸미〉는 영화적 방식으로 훈민정음과 우리 시대를 견주어 성찰하게 하는 작품이다. 자신밖에 모르던 세종과 신미 두 사람이 다른 이를 믿는 큰 사람으로 거듭나는 성장영화이며, 조선 초기의 건물과 풍광과 복식을 꼼꼼하게 담아낸 시대물이고, 소헌왕후를 비롯해 궁중 나인들 같은 여성들을 통해 한글이 전해지고 이어진 내력에서 여성의 역할을 포착한 성평등 영화이자, 당시 숭유억불 정책으로 천대받던 어린 승려들을 통해 지식은 평등하다는 것과 흩어져 있는 이들의 재능을 알아보고 그 능력들을 하나로 모아 더 많은 이, 모든 이들이 힘을 합치도록 하는 것이 진정한 지도자라는 것을 일깨우는 위대한 인물을 그린 드라마다.

영화에서 굳이 새기기 어려운 궁중 언어를 쓰지 않고 지금의 언어를 쓰고 있는 것은 왜곡이 아니라 '나랏말씀'을 귀히 여겨 훈민정음을 만들고 퍼뜨린 뜻을 헤아린 감독의 깊은 고마움일 것이다. 마음을 열고 보면 영화 마지막 장면에서 울리는 〈월인천강지곡〉이 국어시험에 나오기 때문에 제목만 알던 그냥 글월이 아니라 저토록 아름다운 음악이었다는 데 감동받고 영화를 영화로 즐길 수 있을 것이다. 우리가 조선시대 유자들처럼 자기가 옳다고 믿는 것만 뇌까리는 꼴통이 된다면 조선이 망했듯 우리도 망하게 되지 않을까? 물론 지금 우리가 망해도 한글은 오래오래 사용되는 지극하고도 고마운 복숭아로 널리 퍼질 것이 틀림없지만.

3부

생명을 품는 마음

내 아이가 늑대라니…
싱글 맘의
성장 스토리

늑대아이(2012)

자연과 더불어 성장한다는 것, 때가 되면 홀로 서게 하는 것, 그러기까지의 선택은 고되고 험하지만 충분히 겪어 낼 가치가 있다는 것을 눈이 시리도록 아름다운 영상으로 그려 낸 〈늑대아이〉는 2006년 개봉한 〈시간을 달리는 소녀〉로 잘 알려진 호소다 마모루 감독의 신작 애니메이션이다.

성장이란 시간을 겪어 내는 것이며, 삶이란 그 겪어

낸 시간 안에 스스로 짜 넣은 선택들이 아롱거리는 마법의 양탄자와 같다는 것을 호소다 마모루 감독은 이미 〈시간을 달리는 소녀〉에서 그려 보였다.

없던 일로 하고 싶거나 다른 선택을 하고 싶어도, 이미 겪었고 이미 선택했던 일들이라면 어떤 경우에는 거스를 수 없는 결정적 순간이 될 때가 있다는 것도 보여 주었다. 몇 번이고 되돌아가서 다른 선택을 해보고, 그 선택으로 다른 시간을 겪어 본들 완전하게 만족하지 못하는 게 삶이라는 것을 받아들이는 것, 그것이 바로 성장이라고 인내심을 갖고 몇 번이고 몇 번이고 돌이켜 가며 겪어 보게 해 주었더랬다.

열일곱, 아이에서 어른으로 나아가기 전 가장 눈부신 나이에 자전거를 타고 달려 나가다 건널목에서 멈추지 못해 기차에 치어 하늘로 붕 떠오른 소녀 마코토는 '설마 죽을까 했는데 죽는구나'라고 생각했지만 죽지 않았다. 대신 몇 번이고 그 순간이 오기 전까지의 그날로 되돌아간다.

그날은 지금껏 그저 겪어 왔던 날들과 달리 선택해야 할 일들이 여럿 있었고, 그때마다 마코토는 진심을 다해 선택하지 못하고 머뭇거리거나 자신에게 솔직하지 못했던 날이었다. 그래서 마코토는 시간을 되돌려 이런저런 다른 선택을 해보느라 신이 난다. 그러다 문득 깨닫는다. 시간을 거슬러 다시 달리는 것은 자신이 그 지점으로 돌아가 말짱하게 새로 시작하는 것이 아니라는 것을. 남들은 다 돌이킨다해도 시간을 거슬러 본 자신은 이미 그만큼 살아냈다는 것을, 선택은 과거를 죽이고 미래를 살리는 행위라는 것을.

그러니 더 이상 시간을 거스르는 대신 누가 늦으면 먼저 만나러 달려가던 자신의 성격 그대로 앞으로 다가올 시간을 향해 달려 나가기로 결정하고, 돌이키는 대신 앞으로 나가고자 결심한다. 바로 그 순간, 평범하기 이를 데 없던 마코토의 시간은 진정한 마법의 양탄자가 되어 미래를 향해 펼쳐지고, 그러기로 선택한 마코토는 애니메이션 속 캐릭터가 아니라 자기 삶의 주인공이 된다.

〈늑대아이〉는 여기서 더 나아간다. 지극히 평범한 모든 존재들이 시간과 더불어 성장하는 것이 얼마나 눈물겹도록 아름답고 치열한 것인지를, 성장이란 혼자 하는 것도 아니고, 선택의 과정이 자신만의 짐도 아니고, 그 선택을 인정하는 것이 스스로만을 성장시키는 것도 아니라는 것을 보여준다.

도시 한 가운데서 여대생 하나가 늑대인간 청년을 만나 사랑하고, 함께 살고, 아이를 낳아 기르는 동안 조마조마하면서도 기쁘고 행복할 수 있었던 것은 자신이 사랑하게 된 상대가 특별하기 때문이 아니었다. 오히려 남다른 존재이기 때문에 제대로 자신을 드러내거나, 자신을 위한 선택을 하거나, 자신이 바라는 삶을 살지 못하는 늑대인간에게 처음으로 안식을 준다는 것은 보람되지만 오래 지속되기 어려운 위태위태한 일이었다.

그러니 어른이 될 때까지 스스로를 성장시키기보다 감추며 살아야 했던 늑대인간은 아무리 최선을 다하려고 한들 사랑은 할 수 있어도 책임을 다 하기에는 버거웠을 것이다. 그래서 그렇게 일찍, 그렇게 허망하게 떠나게 되었을 것이다.

남편을 잃은 하나는 더 이상 자유로운 여대생이 아니라 자기가 선택한 사랑에 대해 책임을 져야하는 엄마가 돼 있다. 겨우 젖 뗀 딸 유키와 갓 태어난 아들 아메는 아직은 늑대가 될 지, 사람이 될 지 갈피를 잡을 수 없는 존재들이다. 엄마인 하나에게야 아이들이 늑대여도 사람이어도 아무 문제가 아닐 수 있지만, 아이들이 살아갈 세상은 다르다. 이미 자연에서 늑대가 사라진 세상을 만든 게 바로 사람이므로.

하나는 아이들을 살리기 위해, 그리고 자신도 더불어 살기 위해 예전에 남편이 살기 위해 떠나야 했던 곳으로 돌아간다. 도시를 떠나 산골로. 그곳에서 살아간다는 것은 자연 속에서 산다는 것이고, 자연을 이해하는 이웃과 어울려 산다는 것이고, 아이들이 자연 그 자체가 된다는 것을 인정해야 한다는 것이다.

〈늑대아이〉의 주인공은 하나와 유키, 아메, 그리고 사람 이웃들, 그들이 깃들어 사는 산골 마을의 자연 그 모두다. 건드리면 바로 손끝에 파란 물이 배어들 것 같은 양달개비, 밤새 처마 끝에 반짝이며 자라난 고드름, 무시무시하게 몰아치는 비바람, 그러다 말짱하게 개인 하늘에 구름 사이로 눈부시게 떠오르는 햇살.

그 안에서 자연을 거스르지 않고 차근차근 이해하고, 배우고, 따르노라면 토실토실 감자가 여물듯 아이들도 성장한다. 그 성장에 맞춰 부모도 성장해야 한다. 〈늑대아이〉는 부모가 집착하지 않고 자식을 사랑한다는 것, 진심으로 자식을 사랑한다면 그 아이의 선택을 존중해야 한다는 것, 그러므로 아이가 선택을 제대로 할 수 있도록 성장할 때까지 최선을 다해 키워야 한다는 것, 마침내 아이가 선택한 자기 길을 가고자 할 때 진심으로 기뻐하며 떠나보내야 한다는 것을 선언한다. 그것은 세상 부모가 가장 하기 어려운 선택이다.

이 어려운 선택 앞에서 부모는 아이의 성장을 유예시키려고도 하고, 선택을 바꾸게 하려고도 하고, 자기 길을 떠나는 아이의 발길을 잡아 두려고도 한다. 늑대가 될 지 사람이 될 지를 대신 결정해 주려고 한다. 그래서 늑대가 사라져 버린 세상이 얼마나 쓸쓸하고 황폐해졌는지를 잘 알면서도.

〈늑대아이〉는 그러니 맡겨 보라고 한다. 아이는 사람이 되어도 아름답지만 늑대가 되어도 충분히 늠름하고, 믿음직하고, 근사하다고. 무엇보다도 늑대가 품 안에 있는 것보다 자연 속으로 내달리는 세상은 더 아름답다고.

자연이 파괴된 지구에 내일이 올 수 있을까를 묻는 영화

투모로우(2004)

불교환경연대에서는 "만일 보살이 청정한 국토를 얻으려거든 마땅히 그 마음을 청정하게 가져야 한다. 그 마음이 깨끗하면 불국토가 깨끗해진다."는 부처님의 가르침을 소개하고 있다. 불교환경연대는 인간의 탐욕으로 인한 물질적 성장과 경쟁으로 파괴된 자연과 국토를 안타까워하면서 부처님의 생명존중 가르침을 바탕으로 인간과 자연의 죽임의 사회를 생명살림의 사회로 만드는 것을 큰 원력으로 실천해 나가고자 2001년 9월 6일 창립한 이래 지금까지 자연환경과 생명살림을 위한 다양한 활동을 펼쳐 오고 있는 단체다.

불교환경연대 공동대표이자 불교생명윤리협회 집행위원장인 법현 스님은 '내 몸이니 아끼고 사랑하자'는 글에서 이 지구상의 모든 존재와 존재를 구성하고 있는 물질은 우리의 몸과 마음을 이루고 있는 것들과 우리를 포함한 생태를 이루고 있는 것들 모두가 하나의 연결고리를 가지고 있기에 "나(우리)의 몸 생태, 정신 생태, 주위 생태가 떨어진 별개의 낱 생태가 아니라 그물망처럼 연결되어 있는 온 생태라는 것을 알아야 한다. 존재 하나하나의 몸 생태가 바로 몸 생태와 주위 생태이며 거기에 깃든 마음(정신)이 정신 생태이므로 모두가 연결되어 있는 것이다. 그런데 몸 생태와 주위 생태가 연결되어 있는데 거기에 정신 생태가 연결되면서 바람직한 행行, sankara, 즉 하려고 하는 마음, 마음이 꾀하는 바, 의도라고 번역되는 마음의 행동이 작용하게 된다. 하려고 하는 마음이 제대로 된 정보를 가지고 행동하면 바람직한 결과가 이끌어질 것이다. 즉 모든 생태가 공유하는 최대한의 행복幸福, sukkha을 얻게 될 것이다. 그러나 하려고 하는 마음이 제대로 되어 있지 않은 잘못된 정보를 가지고 행동하면 그 반대의 결과가 얻어질 것이다. 그것은 모든 생태에 괴로움苦, dukkha을 가져다줄 것이다. 그 잘못된 정보 가운데 중요한 하나가 바로 나와 생태 그리고 정신, 즉 몸 생태와 정신 생태 및 주위 생태를 구분하는 것이다. 그렇기 때문에 몸 생태를 행복하게 한다면서 주위 생태를 불행하고 괴롭게 하여 결국은 몸 생태와 정신 생태도 괴롭게 만드는 결과가 된다."고 생태환경과 우리들 각자의 존재가 이어져 있다는 일깨움을 전하고 있다.

그러나 지금 지구는 아프고 환경은 점점 더 파괴되어 가고 있다. 그리고 해마다 '역대급 이상기후'라는 걱정과 뉴스가 새록새록 쌓여 가고 있다. 2020년에 중국과 일본이 겪은 홍수만 해도, 그동안 홍수에 대비해 쌓아 놓은 댐과 물길이 무색하게 커다란 재난을 기록했다.

해마다 여름이면 더위를 식히기 위한 극장가의 단골 레퍼토리를 이루는 것이 호러 영화나 재난 영화다. 호러든 재난이든 사람이 도저히 어찌해 볼 수 없는 공포로 더위를 식혀 보려는 것은 마찬가지다. 2004년 초여름 초대형 블록버스터 재난 영화 〈투모로우〉(롤랜드 에머리히 감독)가 더위를 꽁꽁 얼려 버릴 초대형 얼음폭풍이 불러오는 추위로 극장가를 강타했을 때만 해도 날씨가 이렇게까지 요란법석이지는 않았다. 그런데 요즘 들어 영화 속에 그려졌던 재난 상황이 자꾸 되새겨진다.

사전을 찾아보면 '뜻밖에 일어난 재앙과 고난'을 '재난'이라고 한다. 그렇다면 지금 날씨가 빚어내는 온갖 상황은 재난이 아니다. 이미 예고되었고 경고되었던 사건이므로 필연이다. 지구온난화로 극지방의 빙하가 녹아내리고 있다는 것, 환경오염으로 오존층에 뻥 뚫린 구멍이 점점 더 커지고 있다는 것, 지구 곳곳에서 기상이변이 속출하고 있다는 것, 그럼에도 불구하고 인류는 화석연료의 사용을 그만두지 못하고 있다는 것을 우리는 이미 다 알고 있었다. 그러면서도 여전히 자연스레 흐르던 물길을 바꾸겠다고 삽질에 돈질까지 해 버렸다.

잠자던 화산이 폭발한다거나, 하늘 저편에서 혜성이 지구를 향해 돌진해 온다거나, 아니면 외계의 생물이 느닷없이 지구를 침공해 온다거나 하는 일들은 그야말로 뜻밖의 일들이니 재난일 수밖에 없다. 그러나 알면서도 피할 길 없는 운명이 아니라 뻔히 그럴 줄 알면서도 스스로 만들어 낸 재앙과 고난에 대해서 '뜻밖에 일어난 일'이라고 하기는 어렵다. 충분히 예상 가능한 사건으로서의 인재라고 하는 편이 옳겠다.

〈투모로우〉는 지금 상태대로라면 머지않은 날 인류를 덮치고야 말 것이 거의 틀림없는 재해를 경고하는 영화다. 남극의 빙하가 녹아서 갈라지고, 그 녹아내린 얼음물이 해류를 바꾸고, 바뀐 해류를 타고 급속히 차가워진 공기가 초대형 얼음폭풍을 만들어 내면서 북반구가 온통 얼어붙어, 지구는 다시 빙하기로 접어들게 된다는 것이다. 이런 사실을 가장 먼저 감지해서 경고하는 것은 과학자의 몫이지만, 이런 경고에 귀를 기울여 대책을 마련하는 것은 정치가의 몫이라고 한다면 〈투모로우〉는 현재 미국 정부를 어지간히 믿지 않는다.

대부분의 재난영화에서 전 지구적 규모의 재난이 닥

치면 어김없이 세계의 지도자 노릇을 하던 미국 정부가 이 영화에서는 시쳇말로 '쪽'도 못 쓴다. 부통령은 거듭되는 경고를 무시하고 안일한 정치논리로 사태를 악화시키는가 하면, 심지어 대통령은 뭐 뾰족한 수 하나 내지 못하고 피난길에 얼어 죽는다.

하긴 전 세계 이산화탄소 배출량의 28퍼센트나 차지하는 공해 물질을 쏟아 내면서도 지구온난화에 대한 대책을 마련하기 위한 국제적 기후변화협약의 구체적 이행 방안으로 선진국의 온실가스 감축 목표치를 규정한 교토의정서에서 자국 산업보호를 핑계로 제멋대로 탈퇴해 버린 미국이 엄청난 얼음폭풍 앞에서 속수무책 얼어붙는 것을 보는 것은 사필귀정으로 보이기도 한다. 늘 국제질서를 쥐락펴락하며 다른 나라들을 겁주던 미국이 영화에서나마 제3세계를 향해 사과하는 모습을 보는 건 영화 속 한파가 주는 것과는 또 다른 시원함을 느끼게도 한다.

그러나 그런 시원함을 오락거리로 즐기기에는 영화가 보여 주는 세계는 지나치게 단순하고 순진한 데 비해 문제는 너무 현실적이고 위협적이다. 영화에서 보여 주는 빙하기는 문을 닫아걸고 책더미를 태우는 동안 잦아들 정도의 추위밖에 안 되기 때문에 영화 속 아들은 아버지가 구하러 올 동안 믿음을 갖고 기다릴 수 있다. 그러나 우리가 배워 왔던 빙하기는 한때 지구를 지배하던 공룡을 모조리 멸종시킬 만큼 강력한 것이다. 이대로 간다면 우리는 영화 속 아버지가 아들을 구해 준 것처럼 인류의 후손을 구해 줄 수 없을 것이고, 따라서 영화 속 아버지와 아들이 화해한 것처럼 인류의 미래를 행복한 결말로 이끌 수 없을 것이다.

공룡이 살던 시대의 식물들이 오랜 세월과 풍상을 거쳐 화석연료가 되었고, 인류는 그 연료를 파내어 번성해 왔다. 그 번성의 대가로는 환경이 제물로 바쳐졌다. 이제 파괴된 환경을 견디다 못해 지구가 복수를 시작한다면 인류도 공룡처럼 화석으로 묻히게 될 것이다. 영화 속 난민들이 도서관으로 도망가 추위를 견디기 위해 인류 문명의 바탕인 책을 태워 몸을 녹이듯 우리는 지금까지 우리가 누려 온 많은 것을 희생해야 생존이나마 할 수 있는 상황을 맞닥뜨리고 있다. 이미 늦었는지는 모르지만 그렇다고 아직은 포기할 수 없는 인류의 내일을 위해 지구가 지르는 비명에 귀를 기울이지 않는다면 바로 내일이 멸망의 그날이 될 수도 있을 것이다.

“이것이 있으면 저것이 있고, 이것이 생기면 저것이 생긴다. 이것이 없으면 저것이 없고 이것이 없어지면 저것이 없어진다”는 연기緣起에 관한 설명은 모든 것이 서로 관계를 맺어 존재하고 발생하며 그 반대의 작용도 하고 있다는 진리를 전하는 가르침이다. 이런 연기의 가르침을 바탕으로 우리가 사는 세상을 비추어 보면 만물의 관계는 곧 생태, 생태계, 뭇 생태계들의 관계라고 할 수 있다. 생태계는 곧 연결망이고, 생태를 연구하는 것은 몸 생태와 정신 생태, 그리고 주위 생태를 이해하고 그 관계를 파악하는 것이며, 그 연결고리 속에서 빚어지는 생태의 위기를 제대로 파악할 때 환경이 파괴되고 내일을 기약할 수 없는 재앙을 그치게 할 방도도 찾을 수 있을 것이다.

영화 〈투모로우〉의 영어 제목은 ‘The Day After Tomorrow’, 그러니까 우리말로는 내일이 아니라 내일 모레를 뜻하고 있다. 바로 당장은 아니더라도 아주 가까운 날 닥치게 될 재앙에 대한 염려가 담긴 이 제목과 영화에서 다루는 내용은 정말 무시무시하게 현실적이다.

이런 무서운 재앙을 우리 세대가 겪지 않으리란 보장을 지금은 아무도 하지 못한다. 지구가 아프다. 아픈 지구가 스스로를 깨끗이 낫게 하기 위해 비바람을 일으켜 폭풍과 홍수로 세상을 쓸어버리기 전에 지구와 맺고 있는 관계와 인연을 부디 깨끗이 가다듬지 않는다면 불국토는커녕 바로 설 땅조차 남지 않을 것이다.

극장을 포기하더라도 아직 지구를 포기할 수 없는 영화

승리호(2020)

미국과 러시아, 유럽, 인도, 아랍에미리트까지 여러 나라가 화성에 탐사선을 보내고 있다. 전쟁으로, 코로나 팬데믹으로, 기후 위기에 따른 천재지변으로 지구 곳곳에서 수많은 사람들이 고통 받고 죽어가는 상황에서 이렇게 엄청난 노력과 물자를 들여 다른 별에 가고자 하는 것은 그저 화성은 어떤 곳인지 '천문학적'으로 궁금해서만이라기에는 너무도 절박한 일이다. 그야말로 천문학적 비용과 시간과 기술을 필요로 하는 엄청난 모험을 나라마다 국가적 사업으로 명운을 걸고 진행하는 까닭은 우리가 살고 있는 별, 지구를 떠나야 할지도 모를 만큼 위태롭기 때문일 것이다. 이런 시기에 개봉된 〈승리호〉처럼.

〈승리호〉는 2020년 개봉 예정이었던 한국 영화 가운데 최고의 기대작이었다. 한국 최초의 '스페이스 오페라' 장르를 내걸고 2백50억 원에 이르는 제작비에 김태리, 송중기, 유해진, 진선규라는 톱스타 출연진을 모은 조성희 감독은 이미 2012년부터 〈늑대소년〉으로 대중에게 차기작을 기대하게 만들고 있었다.

〈승리호〉는 우리 다음 세대에게 물려줄 지구가 이미 망가진 상황인 2092년의 우주를 배경으로 하고 있다. 한국 승무원들이 주인인 이 우주선의 이름은 꽤 근사하지만 알고 보면 승리호가 하는 일은 우주 쓰레기를 수거하는 일이다. 그 일이 크게 대단한 일인가 하면 그것도 아니다. 이미 지구 위 위성 궤도에는 그동안 쏘아 올린 인공위성들이 낡고 고장나서 쓰레기가 된 채 엄청난 속도로 궤도를 날아다니고 있다. 그냥 두면 별 일 있겠거니 하고 내버려 두기에는 이 쓰레기들이 많이 위험해서 굳이 따로 낚아채어 갈무리해야 하는 까닭은 그 궤도에 사람들이 살기 때문이다.

이미 황폐화된 지구를 떠나 인류의 새로운 보금자리로 만들어진 'UTS Utopia above the sky, 하늘 위의 낙원'이 바로 그 궤도에 있다. 지구는 황폐해졌고, 생명이 자라기 힘든 곳이 되어 있지만 UTS는 푸르고 쾌적한 곳이다. 그렇다면 지구를 버려도 되는 걸까?

불행하게도, 그리고 너무도 당연하게도 그럴 수는 없다. 왜냐하면 겨우 전 인류의 5퍼센트만이 UTS에 갈 수 있기 때문이다. 그러니까 그 5퍼센트의 상류층—말 그대로 지구 위에 사는 계급—을 위해 우주 쓰레기를 치워야 하는 것이다. 그 쓰레기 또한 인간이 그동안 만들어서 쏘아 올린 것들이다. 나중에 그 궤도에 특권층이 살게 되고서야 그것들이 얼마나 위험한지를 알게 됐다고 해서 지구를 되살리려는 노력을 기울이지도, 우주 쓰레기를 더 이상 만들지 말아야겠다는 경각심을 갖지도 않는다. 그저 치우고, 화성을 개척해서 특권층만 살기 좋게 만들면 된다는 것이 그 시대의 목표가 되어 있다.

지금은 아주 특별한 과정을 통해 선택된 사람들이나 우주선을 타 볼 수 있지만 승리호가 쓰레기를 치우는 시대에는 우주 노동자들이 목숨을 걸고 쓰레기를 치워 사람 살 만한 곳이 아니게 된 지구에 사는 가족을 부양해야 한다. 지금 화성을 탐사하는 데 드는 비용만 생각해도 이 상황은 너무도 사실적으로 느껴진다. 우주에 갈 수 있는 기술이 개발된다고 해서 누구나 우주에 갈 수 있는 것은 아니다. 그렇다면 그런 노력과 비용을 차라리 지구를 되살리는 데 기울이는 것이 더 합리적이지 않을까? 그러나 불행하게도 인류의 문명은 과학적 지식이 늘어나는 것과 반비례해서 지구를 망가뜨려 온 것이 분명하고, 인간은 스스로의 생존에 대해 지속가능한 방식이라는 합리성 대신 당장의 편안함이라는 이기적 선택을 멈추지 않았다. 그러다 보니 영화의 배경이 된 시대인 2092년에는 승리호 선원들 같은 우주 청소부들이 필요한 시대가 되는 것이다.

승리호 선원들 각자의 사연도 참 구구절절하다. 돈 되는 일이라면 무슨 일이든 하는 조종사 태호(송중기 역)는 과거에는 최고의 우주 전사였으나 자신이 공격하는 상대가 민간인이고, 그 민간인 가운데 어린아이까지 고통받게 된다는 것을 알게 되면서 더 이상 전투를 할 수 없게 된 퇴역 군인이다. 자신의 공격으로 귀가 멀고 고아가 된 아기 순이를 정성으로 기르다가 군대에서 내쳐지자 엉망진창으로 살다가 우주 저 너머로 놓치고 만 다음부터 순이의 시신이라도 구하기 위해 돈만 보고 살지만 빚은 늘어만 간다.

엄청난 성능을 가진 우주선 승리호를 첨단 기술이 아니라 힘으로 움직이게 하는 기관사 타이거 박(진선규 역)은 지구에 돌아가면 사형을 당할 정도로 범죄의 중심에 있던 갱단의 두목이었고, 놀라운 전투 능력을 우주 쓰레기를 낚아채는 일에 쓰는 작살잡이 업동이(유해진 역)는 기계 골격이 고스란히 드러나 인간과 다른 존재로 모습부터 차이나는 로봇이라 사람처럼 보일 수 있는 피부이식을 꿈꾸지만 기껏 곗돈 부어 모은 돈은 계주가 들고 사라졌다.

이들을 이끄는 장선장(김태리 역)은 뛰어난 과학자였으나 자신의 과학을 이용해 지구를 파괴하고 인간을 피폐하게 만드는 자본 권력에 저항하다가 우주 해적으로 쫓기며 빚더미를 벗어나려고 구질구질한 우주 쓰레기 수거에 나서지만 아무리 일해도 빚은 줄지 않으니 술과 노름에 빠져 지낸다.

그러던 이들이 수거한 고장난 우주선 속에서 나타난 꼬마는 성가신 존재일 뿐이려니 했는데, 알고 보니 전세계에서 가장 위험한 수소폭탄이 내장된 살상로봇이라니 기가 막힐 일이 아닌가. 그런데 도로시라고 우주 전체에 수배된 이 살상로봇이 자기 이름은 꽃님이라며 에취에취 재채기도 하고 뽕뽕 방귀도 뀐다. 이 위험천만한 꼬마를 찾는 쪽에서는 거액을 주겠다고 하니 얼른 넘겨주고 돈을 챙기면 빚더미에서 벗어나 각자 바라던 일들을 이룰 수 있겠다 싶어 거래에 나선 승리호 선원들은 수소폭탄보다 무시무시한 상황과 마주치게 된다.

꽃님이가 움직이는 것은 생명, 그 힘의 바탕이 되는 것이 인간의 영역을 넘어선 '나노봇'에 있다는 설정은 과학이나 합리로 설명되는 것은 아니다. 지구를 버려가면서까지 부와 권력을 독점하려는 UTS의 욕망에 지배되지 않는 꽃님이의 존재와 능력은 불가의 연기론에서 가르치는 동체자비同體慈悲를 떠올리게 한다. 모든 중생의 몸과 자신의 몸을 하나로 보아 고통을 없애고 즐거움을 주는 마음이라는 이 가르침은 다른 생명과 나를 하나로 여기고 사랑으로 대하라고 이른다. 시든 나무에 꽃을 피우고, 우주 여기저기 먼지로 흩어져 위협이 되기도 하는 나노봇을 움직여 승리호를 구하는 꽃님이의 능력을 보고 있노라면, 모든 사물은 인과의 법칙에 의해 특정한 시간과 공간의 환경이 조성되어야 일어난다는 '인연'에는 생물뿐 아니라 온 우주만물이 작용한다는 것을 되새기게 된다.

꽃님이가 사람 아이가 아니라 업동이처럼 로봇이었어도 그 존재는 귀하게 여겨져야 한다. 모든 존재, 모든 사물은 인간이 함부로 쓰고 버리면 쓰레기가 되는 것이고, 아끼고 섬기면 자연으로 남아 있는 것이다. 〈승리호〉는 꽃님이를 통해 바로 그 지점을 일깨운다. 지구를 아끼고 되살리라고. 나의 아이만 살피지 말고 모든 아이를 보살피라고. 사람만 살지 말고 뭇 생명이 두루 함께 살아야 한다고. 그래야 2092년에도 인간은 극소수만이 어쩌면 가 볼 수도 있을 화성이 아니라 지구에 남아서 행복할 수 있다고.

동포와 조선족,
혐오와 포용 사이

댄서의 순정(2005),
황해(2010)

한반도와 인도, 멀기도 멀다. 바닷길로도 한참이고 땅으로 가려 해도 산 넘고 물 건너 이 나라 저 나라 국경을 여럿 넘어야 한다. 지금도 그런데 석가모니가 불법을 세우시던 아득한 옛날에는 더 멀었다. 그러니 그 가르침이 아시아의 극동에 있는 우리 땅에 전해진 것은 중국을 통해서였다.

한국사에서 우리는 불법을 받아들이고 그 가르침을 나라를 다스리는 원칙으로 세우는 시기를 이전의 부족국가 시대와 구분해서 고대국가가 성립된 시기로 배워 왔다.

마을마다 부족마다 서로 믿음이 다르고 섬기는 대상이 다르던 이전 시기와 달리 고대국가 시기에는 같은 믿음, 같은 원칙, 같은 이상으로 더 큰 통합을 이뤄낼 수 있었다.

불교의 도래를 우리는 토속 신앙에 대한 외래 종교 침략으로 보지 않는다. 오히려 문화의 전파를 통한 교류, 그 교류를 통한 성장의 계기, 변방의 고립이 아니라 소통을 통한 확장으로 여긴다. 늘 중국을 통해서만이 아니라 혜초는 직접 인도를 방문해 『왕오천축국전』을 남겼다.

719년(성덕왕 18) 중국에서 남인도 출신 승려 금강지에게 밀교를 배운 혜초가 인도로 직접 구법여행을 떠난 시기는 723년경으로 추정하고 있다. 만 4년 동안 카슈미르Kashmir·아프가니스탄·중앙아시아 일대를 두루 거쳐 인도를 여행한 혜초가 다시 장안으로 돌아온 것은 30세 전후였다.

이후 혜초는 733년 장안 천복사에서 도량을 열고 스승 금강지와 함께 밀교 경전을 한자로 옮기는 불사를 시작했다가 금강지가 열반하자 이 사업은 중단되었고, 금강지의 유언에 따라 경전의 산스크리트 원문은 다시 인도로 보내지게 되었다.

금강지가 열반한 이후 혜초는 금강지의 제자였던 불공삼장으로부터 다시 이 경전의 강의를 받고, 774년 가을 대흥선사에서 다시 경전을 한자로 옮기는 일을 시작했다. 중국 밀교의 법맥을 이으며 불사에 정진한 혜초가 살아 있을 때 신라로 귀국한 흔적은 없지만 기록이나 저술에서 언제나 '신라인'임이 강조되고 있다. 그러니 오늘날의 관점으로 보자면 혜초는 지금의 조선족과 같은 위치로 볼 수 있을 것이다.

2008년 베이징 동계올림픽에서 개막식을 두고 '한복'을 둘러싼 시끄러운 일이 있었다. 전쟁이 끊이지 않던 고대 그리스에서 신에게 제사를 올리며 칼과 방패가 아닌 운동으로 승부를 겨루면서 평화를 기원하던 올림피아제를 계승한 근대 올림픽은 스포츠를 통해 여러 나라들이 평화로운 관계를 맺기를 바라는 스포츠 행사로 시작되었다. 그러나 지구촌 최대의 이벤트라는 이런 행사마저도 정치적 분쟁과 힘겨루기의 장으로 비치는 경우가 종종 있다. 올해

베이징 동계올림픽에 등장한 한복을 둘러싼 논란도 그중 하나였다.

개막식에 중국 국기인 오성홍기를 들여오는 순서에서 다민족 국가인 중국의 56개 민족을 대표하는 참가자들이 커다란 오성홍기를 함께 옮기는데, 그 가운데 하나로 한복을 입은 여성도 있었다. 그 장면을 보자마자 국내 언론과 누리꾼들, 심지어 대선 정국과 맞물린 정치권까지 입을 모아 이런 연출은 문화 침략에 다름 아니라며 비판을 쏟아내었다. '동북공정'이 역사 왜곡을 하듯 우리 전통의상인 한복을 중국 전통의상으로 포장한 '한복공정'이 아니냐며 반중정서가 극도로 높아졌고, 조선족에 대한 혐오 표현이 쏟아져 나왔다.

56개 민족으로 구성된 중화인민공화국의 여러 민족 가운데 '조선족'은 중국에서는 한족을 빼고 열세 번째로 많은 소수민족을 이루고 있는 재중 한인을 가리키는 공식 용어다. 그러나 대한민국 법무부 출입국 외국인정책본부의 통계 자료에서는 '한국계 중국인'이라고 표기되고 있으니 이 땅에서는 공식 용어가 아니다.

재외 한인 가운데 가령 미국 거주 한인은 재미 교포, 일본 거주 한인은 재일 동포라고 하면서도 유독 재중 한인에 대해서만큼은 교포나 동포 같은 살가운 말 대신 조선족이라는 야박한 표현이 널리 쓰인다. 외국 출신 노동자가 많지 않던 시절에는 연변 동포라는 동족의식을 담은 살가운 말이 더 많이 쓰였지만 요즘은 조선족이라는 말이 더 익숙하다.

조선족은 주로 중국 동북지역 3성, 특히 연변 조선족 자치주에 가장 많이 살고 있었으나 중국의 경제가 급속하게 성장하면서 취업 등을 이유로 중국 전역의 대도시로 조선족 인구가 분산되고 있다. 게다가 한국이 외국인 노동자의 저임금 노동을 필요로 하게 되면서 국내에도 많은 수의 조선족이 들어와 있다. 합법적이든 불법적이든.

그러면서 한국 영화, 특히 상업 영화에서도 조선족을 재현하는 일이 잦아졌다. 불과 5년 전만 하더라도 〈댄서의 순정〉에서 '국민 여동생' 소리를 듣던 문근영을 통해 자본의 힘에 팔려와 공권력의 감시를 받으면서도 꿈과 사랑을 이루기 위해 고군분투하며 우리 사회가 잃어버린 가치를 돌이켜 보게 하는 애처롭고 사랑스러운 소녀의 모습이었던 조선족의 이미지는 이제 〈황해〉를 통해 소름 끼치게 무시무시한 살인자 무리로 바뀌었다.

가족을 위해 돈을 벌겠다고 한국을 찾은 여성은 한국에서는 밑바닥 저임금 노동에 시달리다가 자취를 감추고, 빚을 내서까지 돈 좀 벌어 오라고 여성을 보냈던 남성은 사라진 그 여성을 찾아내려 뒤따라온다. 연락이 닿지 않는 아내가 걱정되는 마음에서가 아니라 배신감에 치가 떨려서. 그래서 사내는 믿음 대신 칼을 품었다.

〈황해〉는 연변의 택시운전사 구남이 어린 시절을 돌아보며 '개병(광견병)'에 걸려 동족을 물어 죽이고 마을 사람들에게 쫓기다 끝내 탈진해 죽어 버렸다던 개 이야기를 풀어놓는 데서 시작한다. 한국으로 떠난 뒤 연락이 끊긴 아내가 다른 사내와 정분이 났으리라는 의심은 구남 혼자만의 망상이 아니라 구남을 둘러싼 모든 사람들의 생각이다. 마침 개장수 면가(김윤석 역)가 빚에 쪼들리고 의혹에 시달리는 구남을 홀린다.

사라진 아내를 찾기 위해 구남(하정우 역)이 불법으로

위험천만한 뱃길로 황해를 건너와 먼저 해치워야 하는 일은 사람을 죽이는 것이다. 아는 것이라곤 주소와 이름뿐, 다른 내력은 알 바 아니다. 성공하면 큰돈을 받게 되고, 한국 땅에 발 디딘 김에 아내를 찾아낼 수 있는 방도도 있으려니 싶어 청부살인 의뢰를 받아들인 구남이 걸려든 것은 개병과도 같다. 닥치는 대로 물어뜯고 병을 옮기며 죽음을 퍼뜨리다 죽어서 묻히고, 시체가 다시 파헤쳐져 사람들 배 속으로 먹혀 버린 개. 어린 시절 개병이 어찌 돌았는지는 알 수 없으나 조선족들에게 뿌려진 폭력의 근원은 아주 분명하다.

형님 동생 하며 함께 사업을 도모하던 사이가 되었든, 여보 당신 하며 잠자리를 나누는 사이가 되었든 치정과 불신 때문에 사람 죽여 달라고 돈뭉치를 건네며 병에 걸려들게 한 건 한국 사회다. 힘들고 보수 적은 일을 맡기는 것도 모자라 치정 살인까지 조선족에게 떠맡기고서는 그 뒷감당을 못해 서로 쫓고 쫓기며 죽고 죽인다.

〈황해〉가 불편한 것은 이렇게 병든 세상, 미쳐 날뛰는 인간 군상을 상상해서 영상으로 재현했기 때문이 아니라 그 과정에서 조선족을 소재로 철저하게 타자화하고 착취하기 때문이다. 영화에서 조선족 사회는 군입거리로 해바라기 씨를 까먹고, 마작판에서 일확천금을 노리고, 돈이라면 앞뒤 가리지 않고 덤벼들며, 연락 끊긴 가족에 대해서는 대뜸 오입질에 넋 빠진 원수 취급하는 모진 모습으로 그려진다.

한국말을 쓰기는 하지만 〈댄서의 순정〉에서 '아즈바이'라는 말에 정감 담아 건네던 같은 민족의 언어가 아니라 어휘며 억양이 낯설기가 외국어와 매한가지다. 말은 알아듣겠건만 풍속이며 말투, 정서는 몹시 생경하다.

그 낯선 세상에서 인간미라고는 찾아볼 수 없는 사내들이 하나도 아니고 떼로 몰려들어 칼이며 도끼도 모자라 뼈다귀까지 휘둘러가며 스크린에 피칠갑을 한다. 그들을 불러들인 한국 사회에도 이미 조직폭력배가 차고 넘쳐서 서로 죽고 죽이느라 지옥이 따로 없다. 그런데 아이쿠, 그런 떼죽음의 배경이 고작 치정 문제란다. 칼깨나 쓰는 작자들을 줄줄이 거느렸으면서 굳이 연변까지 가서 목돈 들여 살인 청부할 대상을 찾는다는 것은 너무 부도덕하거니와 설득력도 없다.

컨테이너를 비롯해 수십 대의 자동차를 망가뜨리며 백억이나 되는 물량공세를 퍼부을 정도면 치정 살인의 배경이 되는 한국 사회의 심연은 못 건드리더라도 틈새는 들여다보게 해줘야 그 무지막지한 폭력을 두 눈 똑바로 뜨고 봐야 할 이유를 찾을 수 있을 텐데.

스크린에 넘쳐나는 노출이나 폭력의 묘사가 단지 영화적 재미를 위해서 감당하기에는 지독하게 집요한 데 비해, 그런 폭력의 배경은 지나치게 단순하다. 그렇다고 인간 본성에 대한 성찰이나 반성을 이끌어내지도 못한다.

〈황해〉 이후 많은 상업영화에서 조선족 사회는 한국 사회를 위협하는 잠재적인 범죄자 집단으로 비치고 있다. 마치 이탈리아계 미국인 사회가 미국 대중영화를 통해 마피아 소굴로 비쳤던 것처럼. 그러므로 구남의 아내는 긴 외유 끝에 열차에서 내리더라도 한국에서든 연변에서든 편히 쉴 곳을 영영 잃고 말았다. 정말 잔인한 것은 피가 솟구치고, 뼈가 드러나고, 뇌수가 흘러넘치는 폭력이 아니라 모든 책임을 바다 밑에 내던져 버리는 감독의 시선이다.

혜초가 신라에서 중국으로, 중국에서 인도로, 인도에서 다시 중국으로 가서 오늘날 우리 역사에 남은 위인으로 기억되듯, 한복을 입고 한국어를 쓰면서 사는 이들이 국적은 중국이지만 민족으로는 우리와 같은 민족일 수 있다는 것을 받아들일 때 조선족 혐오가 아니라 이해와 포용으로 평화를 이룰 수 있을 것이다.

뭇 생명,
중생과 더불어 사는
세상을 위하여

미스터 주: 사라진 VIP(2020)

절을 찾아가면 일주문을 지나고 사천왕문을 지나고 탑도 지나고 대웅전도 지나는 동안 스님도 만나고 부처님도 만나고 불자들도 만나게 된다. 그리고 거의 대부분의 절에서는 그렇게 발길을 옮기는 동안 절 마당을 어슬렁거리는 개들이나 담장이나 장독 근처를 들락거리는 고양이도 참 많이 마주치곤 한다.

절집의 개나 고양이는 대체로 참 느긋하다. 꽤 덩치가 있는 개들도 잔뜩 경계하며 으르렁거리는 대신 손님맞이로 꼬리를 흔들어 주고, 사람 손 타지 않은 고양이들도 도시의 길고양이들이 사람을 두려워하고 피하며 눈치를 보는 것과는 달리 그냥 여기저기서 놀기도 하고 자기도 하는 등 모양새가 달라도 참 다르다.

처음에는 그저 그 절의 스님이 유별나서 동물을 잘 거둬 주거나 먹을 걸 살뜰히 챙겨 주는 특별히 정 많은 공양주 보살님이 따로 있는 절이어서 그런가 싶었다. 그러다 고등학교 때 국어 선생님의 설명을 듣고 깨달았다. '중생'이란 말의 의미와 가르침을. '짐승'이란 말은 중생衆生을 옛 우리말로 즘생이라고 했다가 나중에 짐승으로 바뀐 것이니 사람도 짐승에 든다는 것을.

가령 기독교에서는 오직 인간만이 신의 모습을 따라 만들어졌고 영혼을 가진 존재라고 한다. 동물에게는 성령이 깃들지 않아 죽으면 그뿐, 천국으로 가는 은총을 입을 수 없다고 믿는다. 그런데 불교에서 이르는 중생은 사람만이 아니다. 글자 그대로 뭇 생명을 이르는 말이다. 뭇 생명도, 그리고 중생제도와 성불도 인간만이 누리는 특혜가 아니다. 모든 존재하는 것은 그것이 유정이든 무정이든 간에 각각의 존재 이유가 있는 것이고, 법法, Dharma, 즉 진리의 체성을 지니고 있다고 보는 것이다. 그래서 아침저녁으로 범종과 목어와 북과 운판을 울려 사람뿐 아니라 날짐승, 산짐승, 물속 짐승까지 두루 성불하고 제도되기를 기원하는 것이다.

그런데 우리가 지금 사는 세상은 이런 가르침과는 달리 참으로 다른 생명들에게 야박하고 가혹하다. 어릴 때 귀여운 맛에 집에 들였던 개나 고양이도 성가시다거나 병이 들었거나 늙었다고 내다 버려 유기견·유기묘로 거리를 떠돌게 하는 일도 예사지만, 동물을 상대로 그저 재수 없다거나 자기 분풀이로 해코지하는 학대와 범죄의 양상은 처참할 지경이다. 더 나아가 강력 범죄에 대한 자료를 보면 동물을 학대하던 자는 사람에게도 폭력적으로 행동하는 경우가 많다고 한다. 심지어 살인에 이르기까지.

〈미스터 주: 사라진 VIP〉는 뭇 생명에 대한 태도를 돌아보게 하는 영화다. 국가정보국 에이스 요원 주태주(이성민 역)를 초등학생 딸은 미스터 주라고 부르곤 한다. 에이

스 정보 요원답게 주태주 요원은 철저하고 깔끔한 사람이다. 아침마다 먼지 하나 없이 청소된 집에서 운동하고, 보풀 하나까지 다 떼어 내고서야 옷을 차려입는다. 그런 성격이다 보니 동물이라면 아주 질색이다. 털도 있고, 침도 튈 수 있을 테니까.

그런 주태주 요원에게 "도와줘요, 미스터 주!"라고 급하게 전화로 불러낸 딸이 요청한 일은 다른 일도 아니고 바로 길에서 만난 고양이를 보호해 달라는 것이니 기겁할 노릇이다. 낯선 고양이는 이름이 새겨진 목걸이를 하고 있으니, 아빠가 '탐정 비슷한 일'을 하고 있다고 알고 있는 딸은 주인을 찾아달라며 맡기고 학원에 간다. 그러나 동물도, 딸의 부탁도 하찮게 생각한 미스터 주는 고양이를 쓰레기통에 던져 버린다. 그게 뭐 별거냐 하는 마음으로.

곧 관리 요직으로 승진을 앞둔 미스터 주가 실적을 내세우려고 맡은 임무는 소원해진 중국과의 외교 관계를 풀게 될 중요한 외교 행사에 특사로 파견된 VIP를 경호하는 일이다. 그런데 그 특사가 특별해도 아주 특별한 존재인 것이 문제다. 중국에서 귀하디 귀하게 여기는 바로 그 존재, 판다가 VIP 특사인 것이다. 그러니까 이 영화의 VIP는 Very Impotant Person의 VIP보다 더 특별한 Very Important Panda를 일컫는 말이다. 실제로 〈미스터 주: 사라진 VIP〉에서 특사로 경호를 받게 되는 자이언트 판다는 중국이 함부로 외국에 내보내지도 않고, 판다를 해치는 자는 중죄로 처벌하며 엄청난 비용과 인력을 들여 보호하는 중국의 상징과도 같은 존재다. 귀여운 외모로 아이들이 좋아하는 인형으로도, 애니메이션의 캐릭터로도 인기가 많은 자이언트 판다가 중국의 외교에서 아주 중요한 역할을 해오고 있는 것은 잘 알려진 사실이기도 하다.

이렇게 중요한 VIP를 경호하는 일 정도는 별로 어려울 것 없이 그냥 적당히 해치워 버려도 될 일이거니 싶어 대뜸 맡았는데, 납치범들이 그런 허술한 경호를 뚫고 판다를 납치해 가면서 일이 꼬이게 된다. 딸이 주인을 찾아달라고 맡긴 고양이를 버려도 죄책감을 느끼지 않는 미스터 주지만, 판다를 찾지 못한다면 요원으로서의 앞날이 캄캄한 개인적 차원의 문제가 아니라 나라와 나라 사이의 관계가 틀어지게 되는 큰일이 벌어진 것이다.

그런데 미스터 주가 버린 고양이는 그냥 평범한 고양이가 아니었던지, 어느새 버려진 쓰레기통이 아니라 판다가 사람들과 만날 행사장인 동물원에서 경호를 빙자해 노닥거리던 미스터 주 뒤에 나타나고, 그 다음부터 미스터 주는 동물들의 목소리를 듣게 된다. 개나 고양이만이 아니라 어항 속의 물고기, 하늘을 나는 새, 동물원에 있는 온갖 동물들, 쇼핑센터에 진열되어 팔리는 애완동물들까지 동물이 참 많기도 많으니 그 동물들이 하는 말도 홍수처럼 밀려든다. 이런 소리를 다 듣게 된 것은 받아들이기에 따라 벌이 될 수도 있고 상이 될 수도 있다. 하필 동물을 싫어하는 미스터 주에게는 미치고 팔짝 뛸 정도로 당황스러운 상황인 것이 분명하지만.

〈미스터 주: 사라진 VIP〉는 이런 난처한 상황에 맞닥뜨린 미스터 주가 화약 냄새라면 줄행랑부터 치고 보는 군견 알리와 티격태격하며 사건을 해결해 가는 과정을 유쾌하게 펼쳐 보이는 가족영화다. 동물을 싫어하는 미스터 주와 동물에 대한 사랑이 넘치는 딸, 사람을 위해 봉사하도록 어릴 때부터 훈련받고 위험한 작전에 나갔다가 끔찍한 사고를 겪은 군견 알리, 동물원에서 사고를 목격한 고릴라와 납치 현장에서 도망친 알리를 거둬 준 다른 동물들, 그리고 도시나 농촌 어디든 사람 곁에 있는 염소와 비둘기까지 여러 동물들은 나름의 개성과 역할을 톡톡히 해내며 미스터 주의 지원군이 된다. 영화 요소요소에서 터지는 재미와 웃음도 이 동물 캐릭터들의 몫이다.

〈미스터 주: 사라진 VIP〉는 군견 알리나 납치된 판다 밍밍을 의인화해서 사람과 사람의 관계로 치환하는 대신 영화에 등장하는 여러 동물들에 대한 사람들의 태도를 짚어 보고, 동물을 이용한 산업이나 실험의 내막을 들춰내면서 동물 자체의 특징과 개성을 돋보이게 한다. 그리고 이런 재미를 더해 주는 것은 동물 각각의 목소리를 연기하는 배우들의 공이다.

미스터 주와 짝이 되는 알리 역할에 신하균, 사랑스러운 특사 판다 역할에 유인나가 목소리 연기를 맡은 것은 주연급이라 그럴 만한 캐스팅이라고 한다면, 한 장면에만 등장하는 햄스터의 목소리는 관록의 연기자 이순재, 떠돌이 동물들을 이끄는 앵무새 목소리에는 걸쭉한 입담으로 유명한 김수미, 시골 농가에서 마주친 흑염소와 동물원 우리 안에서 모든 것을 지켜 본 고릴라는 〈기생충〉으로 세계 영화계의 주목을 받은 바 있는 이선균과 이정은 등등 목소리만으로 존재감이 남다른 연기자들이 영화 곳곳에서 씬 스틸러로 등장하기 때문에 동물 캐릭터와 목소리 연기자 캐릭터의 조합이 주는 재미도 쏠쏠하다.

"한국 영화에서 흔치 않은 동물과 대화한다는 설정을 어떻게 관객들에게 어필할 것인지 고민했다. 한국 영화의 기술이라면 이를 구현하기에 충분하다고 생각했고, 흥미로운 사건과 공감 가능한 스토리를 담기 위해 노력했다." 는 김태윤 감독은 삼성반도체 백혈병 희생자의 아픔을 드러내는 〈또 하나의 약속〉, 억울하게 살인범으로 몰렸던 청년의 무죄를 밝히는 〈재심〉과 같은 작품의 시나리오를 직접 쓰고 연출한 감독이다. 이 영화들에서 권력과 탐욕에 짓밟힌 힘없는 사람들의 편에서 그들의 목소리를 들려줬듯이 감독은 〈미스터 주: 사라진 VIP〉에서는 사람에게 이용당하고 무시당하는 동물들의 목소리에 귀를 기울이게 한다.

영화를 보며 한참 웃고 나서 극장을 나설 때, 비단 중국의 상징인 귀한 판다만이 아니라 천성산 도롱뇽을 살리기 위해 목숨 걸고 단식했던 지율 스님의 마음이 와닿고, 환경 문제가 일으킨 화재에 죽어 가는 호주의 코알라와 캥거루가 다시금 안타깝게 떠오른다. 뭇 생명이 이 세상의 VIP이고, 그 중생들을 지키고 살리는 일, 절에서 범종과 목어, 운판과 북을 울리듯 이렇게 영화와 웃음으로 깨우치기도 한다.

고양이를 죽일 것인가, 구할 것인가

우리집에 왜 왔니(2009)

불교에서 가장 중요한 첫 번째 계율은 불살생不殺生이다. 『범망경』에 이르기를 '생명이 있는 것을 스스로 죽이거나 남을 시켜 죽이거나, 수단을 써서 죽이거나 부추기거나, 죽이는 것을 보고 기뻐하거나 주문을 외워 죽여서도 안 된다'고 했다. 그런데 중국 당나라 때 조주선사의 스승인 생불조사 남전화상은 칼로 고양이를 베어 죽였다. 왜 그랬을까?

남전선사가 조실로 있던 선원에서 동당과 서당으로 나뉘어 있던 대중들이 고양이를 놓고 다투는 것을 본 남전선사는 고양이를 집어들고 대중에게 "바르게 말하면 이 고양이를 살려 주겠지만 그렇지 못하면 고양이 목을 베어 버리겠다."라고 하였다. 그동안 다투던 대중들 중 아무도 대답을 못하자 바로 그 고양이를 베어 버렸다는 것이다. 마침 외출 중이던 제자 조주 스님이 저녁에 돌아오자 남전선사는 낮에 있었던 사건에 대하여 들려주고는 "너라면 어떻게 했겠느냐?"고 물었다. 조주 스님은 아무 말 없이 짚신을 머리에 이고 나가 버렸다. 남전선사는 "네가 있었다면 고양이를 살릴 수 있었으련만."이라고 읊조렸다고 한다.

이 이야기는 『벽암록』, 『무문관』, 『종용록』, 『선문염송』 등 여러 문헌에 실린 아주 유명한 화두로 지금까지 저마다 해석도 다르고 깨달음도 다른 '남전참묘南泉斬苗 조주초혜趙州草鞋' 이야기이다.

어느 겨울, 중학생 조카에게서 전화가 왔다. "고양이가 죽어 있어. 길 위에 누워 있길래 어떻게 저런 차가운 길바닥에서 잘까 하고 다가갔더니 웃는 표정으로 죽어 있었어. 아무 데도 다친 것도 아닌데, 얼어 죽었나 봐." 무섭지 않았느냐고 물었더니 "뭐가 무서워? 불쌍하지. 지나가는 차에 깔릴까 봐 일단 옆에 옮겨 줬는데 어쩌지?" 아, 이럴 때는 정말 어떻게 하라고 대답해야 하지?

고단하게 살다 쓸쓸하게 죽었을 그 고양이를 어디 언 땅이라도 파고 묻어 준다면? 불법이다. 쓰레기봉투에 넣어 폐기물처리함에 버린다면? 합법이다. 그냥 길 위에 둔다면? 우리가 수태 길에서 마주치는 떠돌이 생명들이 그렇듯, 제대로 썩어 자연으로 돌아가기 전에 무심한 자동차 바퀴에 이리저리 치여 처참한 모습으로 잠시 고개 돌리게 만들었다가 어느 결에 사라질 것이다.

집고양이가 10여 년을 너끈히 사는 데 비해 길고양이의 수명은 고작 2~3년이란다. 그 시간을 살아가는 내내 쫓기고, 내몰리고, 잡혀 가는 고양이에게서 황수아 감독은 수강의 모습을 보았나 보다. 한 번 사람에게 험한 일을 당하고 나면 고양이는 사람을 믿지 못한다.

그러나 사람이 가끔씩 먹을 것을 챙겨 주기라도 하면,

고양이는 작은 동물을 잡아다 살포시 선물로 내밀 줄 아는 다정한 존재다. 그러나 사람들은 기껏해야 먹을 것을 찾아 쓰레기봉투를 뒤지고, 가끔 짝을 찾아 애절하게 애웅거리는 정도로 사람들 언저리에 있는 것뿐인데도 길에 사는 고양이를 멋대로 내쫓고, 포획하고, 죽이고 있다.

〈우리집에 왜 왔니〉(황수아 감독)는 바로 이런 식으로 시작한다. 어느 시골 마을 비닐하우스 안에 한겨울 밤 웬 가냘픈 아가씨가 죽어 있다. 살포시 웃는 얼굴로. 다친 데도 없고, 자살한 것 같지도 않고, 죽임을 당한 것 같지도 않으니 얼어 죽었나 보다.

이 무연고 변사자의 보잘것없는 소지품 꾸러미에서 나온 우편물 꾸러미의 주인을 경찰이 찾아가 보니 그 인간도 참 해괴하다. 쓰레기더미로 가득한 집구석에 처박혀 있다가 자초지종을 듣기도 전에 들입다 달아나기 시작한다. 겨우겨우 잡아다가 죽은 아가씨와의 관계가 어떤지나 좀 알아보려는데 이 남자, 도통 사진을 쳐다보려 하지 않는다. 그 까닭이, 사진 속 아가씨 표정이 웃고 있어서란다.

젊디젊은 아가씨인데 웃는 게 낯선 모습이라는 무연고 변사자 수강(강혜정 역). 허우대로는 사지육신 멀쩡해 보이는데 자기는 병이 있어서 모르겠다며 수강과의 사연을 털어놓으려 하지 않는 은둔형 외톨이 병희(박희순 역). 이 둘은 어쩌다 서로 얽히게 되었던 걸까?

젊은 남자와 여자의 사연을 다루는 영화지만 〈우리집에 왜 왔니〉는 청춘남녀의 알콩달콩한 연애담을 그린 로맨틱 코미디가 아니고, 구구절절한 사연이 사무치게 서러운 멜로 드라마도 아니다. 각각 깊은 상처를 지닌 한 남자와 한 여자가 그 두 지점 사이를 오가며 빚어 내는 치유의 기적에 대한 판타지다.

20살 늦된 여고시절, 7살이나 어린 앳된 중학생과 맺은 인연에 죽일 기세로 집착해서 전과 이력을 늘려 가며 노숙자 스토커가 된 수강이나, 승승장구하는 이력으로 안정된 가정을 꾸리다 석연치 않은 탈영병의 난동으로 한순간 임신 중인 아내를 잃고 자살 중독자가 된 병희의 독특한 캐릭터가 만난 상황은 우스꽝스럽다.

아내의 죽음 이후 슬픔과 회한보다 더 큰 의혹과 배신감으로 폐인이 된 병희. 사회생활도, 가족관계도, 자신의 정신줄도 잡지 못하고 삼 년째 자살 모임을 가지면서 시도했던 이런저런 방법의 자살 기도가 다 실패하고 마침내 제 집 천장에 목을 매고 한참 숨이 넘어가려는데 느닷없이 나타난 수강.

태연히 '다녀왔습니다' 인사를 던지며 병희 집 현관에 들어서더니 죽겠다고 목을 맨 사람을 악착같이 끌어내려 다짜고짜 두들겨 패더니 꽁꽁 묶어 인질로 만들어 버린다. 어차피 죽을 거라면 자기 할 일 마칠 때까지 기다렸다가 좀 나중에 죽으라면서.

수강의 할 일이라는 건 사랑에 대한 집착을 밀어붙이는 일이다. 자기로부터 자꾸만 도망치는 옛사랑 지민(승리역)을 자기 것으로 할 수 없다면 말 그대로 산 채로 묻어 버리겠다면서, 그러기에는 상대를 감시하기에 전망도 좋고 마당까지 있는 병희 집이 딱 좋단다.

그러니 그 일 마치기 전까지 병희는 가만히 있어 줘야 할 판이다. '미친년' 소리에 이골이 난 수강이 아저씨뻘인 병희를 다루는 품새를 보면 이제 애송이 지민은 독 안에 든 쥐다. 그러다 마침내 기회가 왔다.

사랑도 주고, 믿음도 주고, 목숨까지 구해 준 수강의 마음을 몰라 주고 여전히 '미친년'이라고 밀어내는 지민이 좀 못났기는 해도 생매장당해야 할 정도로 나쁜 것도 아니다. 그러나 한때 길바닥에서 날아든 돌에 맞아 피를 흘리면서도 화내기는커녕 울기조차 못하던 수강은 자기 사랑을 한사코 피한다는 이유 하나로 지민을 묻어 버리려 한다.

그러나 병희의 말처럼 사랑은 일방적으로 어떻게 될 수 있는 게 아니듯, 수강의 지민에 대한 일방적인 집착과 응징도 마음대로 되질 않아 어설픈 인질극이 어영부영 끝나 버리면서 병희와의 인연도 끝난 듯했다. 함께 지내던 내내 소리 지르고, 화내고, 울던 수강을 끊어낸 병희는 다시 은둔 상태의 폐인으로 돌아가 살아 있는 것 같지 않은 삶을 살고 있는데, 이번에는 수강이 얼굴에 웃음을 머금고 죽은 상태로 다시 찾아온 것이다.

지민에게는 끔찍했던 수강의 집착이 병희에게는 구원이 된다. 지민을 감시하듯 몰래 카메라로 병희의 일상을 낱낱이 지켜보고, 병희의 우편물을 몰래몰래 챙기다가 죽은 수강은 "나는 이제 누굴 사랑하기 글렀고, 너는 이제 누구한테 사랑받기 글렀어."라며 모든 것을 포기한 병희에게 말을 건넨다.

"아저씬 누군가를 사랑하기 글렀고, 난 누군가에게 사랑받기 글렀다는 게 맞는 거 같아. 하지만 그 반대는 어때? 내가 누군가를 사랑하고 아저씬 누군가에게 사랑받고."

"내가 좋아하는 사람이 나를 좋아한다는 건 기적이야."라는 병희의 절망에 수강은 답한다. "내가 좋아하는 사람이 나를 좋아한다는 건 우리에게만 기적이 아니야. 그건 진짜 기적이야."

〈우리집에 왜 왔니〉는 기적을 말하고, 기적을 믿는다. 사회에서 밀쳐지고, 버림받고, 나가떨어진 존재들이 그대로 바깥에서 쓸쓸히 죽어 가지 않기를 바란다. 그런데 그 믿음은 슬프고 처량하다. 왜냐하면 그 치유와 구원은 서로의 처지를 이해하는 그들끼리만 이루는 것이지 사회와의 화해나 사회 자체의 변화로부터 비롯되는 것이 아니기 때문이다.

그래서 영화의 한 장면, 담장 위에 위태롭게 앉아 있는 작은 길고양이의 모습은 수강의 애처로운 처지를 소소하지만 인상적으로 담아 낸다. 누군가의 반려동물로 보살핌을 받지 못하는 길고양이의 삶은 얼마나 조마조마한지.

집집마다 광이 있고 찬장이 있던 시절, 곡식이며 찬거리를 축내는 쥐를 잡아 주는 고양이는 그렇게 천대받는 존재가 아니었다. 그러다가 서양 기독교 문화의 마녀 이미지에 딸려 온 요물이라는 편견과 견고한 식품 저장 시설이 일상화된 도시 문명 속에서 애완의 대상이 되지 못한 길고양이의 처지는 너무도 고단해졌다.

늘 사람으로부터 위협받는 길고양이가 잔뜩 사람을 경계하게 되듯, 고아에 전과자에 노숙자 신세로 '미친년'이라는 조롱을 받으며 살아야 했던 수강이 미움과 분노를 품는 건 당연하다. 그래서 누군가의 소중한 존재가 되지 못한 수강이 죽어 가면서도 웃음을 띠며 누군가를 치유하고 구원하는 것은 기적이 된다.

그러나 기적은 일회적이다. 모든 고양이, 모든 외로운 이들에게는 기적이 아니라 배려가 필요하다. 이 세상은 사람, 그것도 가진 자들만의 것이 아니다. 부디 손을 내밀지는 못하더라도 돌은 던지지 말자. 이 세상은 고양이가 있기 때문에 더 아름다운 것이다.

길고양이와 노숙인들이 버텨 내기 어려운 추운 계절이 오고 있다. 우리는 다시 남전화상의 질문을 생각한다. 그들을 살게 할 것인가, 죽게 할 것인가.

누가 그들을 '괴물'로 만드는가

리틀 칠드런(2007)

"애욕에 걸린 사람은 욕망의 흐름을 따라간다. 거미가 자신이 만든 줄에 매달리듯."

법구경에 있는 말씀이다. 그리고 열반경에서는 이렇게 경계한다.

"애욕이 가는 곳에는 항상 미혹이 뒤따른다. 습한 땅에 잡초가 무성하듯 애욕의 습지에는 번뇌의 잡초가 무성하다. 애욕은 꽃밭에 숨은 독사와 같다. 사람들은 꽃을 탐해 꽃을 꺾다가 독사에게 물려 죽을 것도 알지 못한다."

경계하고 또 경계하지 않으면 애욕은 자신과 남과 세상을 순식간에 지옥으로 만들 수도 있다. 애욕은 다른 사람을 차지하고 부리려는 욕망이기 때문이다. 사람이 사람을 노예로 부린다는 것, 사람 안에 깃든 귀하고 존엄한 생명을 짓밟는 일이다. 그렇기에 구시대의 악습으로 규정되어 역사적으로 폐기되고 대부분의 국가와 사회에서 불법으로 심판받게 된 지 오래다.

그런데 2019년, 우리 사회에서 어린 청소년 여성들을 '성노예'라고 부르며 가혹하고 참담한 지경으로 몰아넣고 그 고통을 즐긴 무리들이 무려 26만 명이나 된다는, 차마 믿고 싶지 않은 사실이 드러났다. 그런 짓을 꾸민 자들, 기꺼이 돈을 내고 구경한 자들, 구경만 한 게 무슨 잘못이냐며 오히려 피해자가 잘못이라고 몰아붙이는 자들이 지금 길을 가다 마주치는 어느 누군가일 수도 있을 만큼 어마어마한 숫자다. 그 무리들이 모인 곳은 'N번방', '박사방' 같은 수상한 이름의 가상공간이었지만, 실제로 피해자들이 당한 성착취는 현실 세계에서 벌어지고 있었다.

정의롭고 용감한 학생 기자들이 이런 생지옥을 세상

에 알리기 위해 두 눈 부릅뜨고 경찰과 언론을 움직이고, 많은 사람들이 이들을 처벌하고 신상을 공개하라고 뜻을 모으면서 하나하나 드러난 그들의 정체는 또다른 충격과 공포로 이어지고 있다. 그저 이웃 어디서나 마주칠 만한 학생, 직장인, 공무원, 사회복무요원, 군인, 심지어 유력 언론사 기자까지 '가해자' 무리에 들어 있는 지경이라니!

〈리틀 칠드런〉(토드 필드 감독)은 이렇게 이웃에 살고 있는 성범죄자의 존재를 통해 우리가 살고 있는 사회, 우리 안의 뒤틀린 모습을 되돌아보게 하는 영화다.

더운 여름날, 보스턴 교외의 한적한 수영장은 물놀이 하는 아이들의 웃음소리가 울리는 가운데 햇볕을 즐기는 어른들의 나른한 휴식과 교제 공간이다. 물장구 소리, 웃음소리, 쏟아지는 햇빛, 그 안으로 물안경을 쓰고 오리발을 신은 왜소한 중년 남자가 걸어 들어가 섞여든다. 물속을 거닐며 주위를 바라보는 그를 사람들이 알아보는 순간, 한여름 햇살과 웃음으로 출렁이던 수영장이 한순간 얼어붙는다. 비명과 고함 속에 아이들로 가득하던 수영장이 텅 비고 그 사내 혼자 남는다. 곧바로 경찰이 출동해 그 사내를 데려간다. 그 사내는 항변한다. 자신은 그저 수영이 하고 싶었을 뿐이라고.

이 장면은 대부분의 사람들이 알고 보면 어린아이처럼 원초적인 욕망 앞에 비틀거리는 미숙한 존재라는 것을, 그래서 실수도 하고 서로 상처도 입히는 존재라는 것을 그린 서늘한 영화 〈리틀 칠드런〉에서도 가장 오싹한 장면 가운데 하나다.

들여다보면 자기들도 흠집 많은 사람들이 왜 그토록 매정하게 볼품도 없고 힘도 없어 보이는 그 사내 로니를 꺼리는가? 그가 아동 성추행범이었기 때문이다. 그의 죄는 우발적인 한 번의 성범죄가 아니라 '정상적'인 관계 속에 도저히 받아들여질 수 없는 유아 성도착증이라는 욕망에 사로잡혀 있다는 것이다. 그 욕망은 로니 자신에게뿐 아니라 세상에 대해서도 치명적이다. 감옥에 다녀오고, 신상 명세가 공개되었다고 해서 그 욕망이 다스려지는 것은 아니다. 그래서 그는 작은 공동체 안에서 '괴물'이 된 것이다. 오직 로니의 늙은 어머니만이 아들이 '정상적'이 되어 젊은 여성들과 관계를 트고, 따돌림이나 괴롭힘으로부터 벗어날 수 있기를 바란다.

이미 잔주름이 자글자글하고 머리도 벗겨진 중년의 아들 로니를 애써 보호하려는 늙은 어머니의 자기 아들 좀 가만히 내버려 둬 달라는 호소가 아무리 절절하다고 해도 로니에 대한 사회의 냉대는 거두어지기 쉬운 것이 아니다. 그 어머니가 보호하려는 아들은 젊은 여성과 정상적인 데이트를 하러 나가서는 가뜩이나 신경쇠약으로 힘들었다는 여성을 자동차 옆자리에 앉혀 두고 자신이 자위하는 모습을 지켜보게 하는 인물이기 때문이다.

그다지 위협이 될 것 같아 보이지 않던 사내가 헐떡이며 자위하는 모습을 지켜보도록 강요받은 여성은 영혼에 가해진 충격과 공포로 울음을 터뜨린다. 그 여성이 성인이었기에 망정이지 만약 옆에 있는 대상이 어린아이였다면 그의 욕망은 아이의 영혼만이 아니라 육체에까지 평생 아물지 못할 고통과 공포를 깊이 아로새겼을 것이다. 스스로를 잘 아는 로니는 늙은 어머니에게 자신이 어쩔 수 없는 욕망에 사로잡힌 존재이니 정상적인 관계를 통해 만족하게 되기를 바라지 말라고 못박는다. 그런 욕망은 스스로가 포기하지 못하는 장애이며 위협이기 때문에 교정의 대상이 아니라 적극적인 치료와 관리의 대상이다. 그저 어머니의 사랑으로 감싸서 해결될 수 있는 상황이 아니다. 로니의 욕망은 로니 자신을 고립시킬뿐더러 끝내 자신을 지켜주던 어머니까지 죽음으로 몰아넣는다.

집구석에 틀어박힌 로니를 더 이상 갈 곳 없이 내몰려는 위협에 맞서던 어머니는 로니에게 부디 착한 아이가 되라는 당부를 남기고 죽는다. 스스로의 노력과 의지로 착해질 수 있었다면 아마 로니는 벌써 착해졌을 것이다. 주체할 수 없는 욕망에 범죄를 저지르지도 않았을 것이고, 감옥에서 젊은 시절을 보내지도 않았을 것이고, 사회로부터 흉측한 괴물 취급을 받으며 그토록 철저히 소외되지도 않았을 것이다.

세상에서 유일하게 자신을 진심으로 믿어 주던 어머니의 죽음 앞에서 로니는 자신의 욕망을 제거하기 위해 칼을 든다. 그 칼은 한사코 로니를 밀어내기만 할 뿐 그릇된 욕망의 치유와 관리를 위해 어떤 노력도 하지 않았던 외부로 향한 것이 아니라 로니 자신에게 겨누어진다. 스스로 욕망의 뿌리를 잘라 내 피투성이가 되고서야 비로소 로니는 '친구'라는 관계 속에 받아들여진다.

그를 소외시킨 〈리틀 칠드런〉의 다른 사람들이라고 그다지 올바른 삶을 사는 건 아니다. 아이들을 돌본다고 공원에 모여서는 잘생긴 이웃 남자에게 유혹의 눈빛을 보내는 주부들, 아내 몰래 컴퓨터로 음란물을 보며 여자 팬티를 얼굴에 뒤집어쓰고 자위를 일삼는 남편, 그런 이웃 여성들과 남편에 대한 경멸을 잘생긴 이웃 남자와 나누는 불륜의 쾌락으로 다스리는 젊은 지식인 주부 새라, 아름답고 유능한 아내를 만나 아이를 돌보며 변호사 시험에 붙을 때까지 뒷바라지를 받는 게 너무 답답하다며 불륜과 땡땡이로 숨 돌리는 잘생긴 이웃 남자 브래드, 로니를 핍박하지만 정작 자신도 총기 사고로 무고한 아이를 죽인 적이 있는 전직 경찰 래리.

이미 약점이 세상에 낱낱이 드러난 괴물 로니뿐 아니라 〈리틀 칠드런〉의 어른들은 모두 자기 안에 그릇된 욕망이라는 괴물이 깃들어 있는 존재들이다. 그 괴물이 드러나는 것이 두려워 남을 비방하고, 허위의식으로 삶을 포장하는 것으로 유지되는 사회, 욕망을 다스리는 윤리라는 것이 겉으로 그럴싸하면 넘어가는 얄팍한 사회에서 로니는 표적이자 희생양으로 그려진다.

범인 하나하나의 신상 공개나 무거운 처벌이 성범죄를 막을 수 있는 것은 아니다. 성범죄를 남자가 저지를 수 있는 실수로 가벼이 여기게 만들고, 여성과 어린아이에 대한 폭력에 관대한 이 사회의 성의식과 윤리의식 수준이 여전한 상태에서는 아무것도 바뀌지 않을 것이다. 죄의식이 없는 사회가 범죄를 처벌하려는 의지를 가지기 바라는 것은 어리석은 기대다. 윗물부터 아랫물까지 성범죄에 대한 의식이 싹 물갈이되지 않는다면 여전히 음습한 시궁창 속에서 성범죄는 이 사회를 썩어들게 만들 것이다. 거세나 영구적 격리라는 극단적 처벌을 거론하기 전에 우리 사회 전반의 성의식을 반성하고 고쳐 나가지 않는 한 이런 끔찍한 욕망은 결코 억제되지 않을 것이다.

만취 상태에서 저지른 범죄는 심신이 미약해진 상태라서 그렇겠거니 감안해서 맨 정신으로 저지르는 범죄보다 덜한 형량을 구형하는 검찰이나, 그 형량대로 확정 선고하는 법원이 있는 사회, 상식적인 법감정으로 받아들이기에는 지은 죄에 비해 처벌이 너무 관대한 이런 윤리관을 가진 사회는 여성에 대한 안전을 보장하지 못하는 사회, 사람 안에 깃든 불성을 짓밟는 사회다.

이웃에 사는 사람, 지나가다 만난 사람 하나하나를 다 의심해야 하는 사회는 이미 오래전부터 다져진 그릇된 성의식이 불거진 결과다. N번방, 박사방 등으로 드러난 범죄자 몇 명을 처벌한다고 해서 세상이 바로 잡히기는 쉽지 않을 것이다.

법구경에서는 그러므로 애욕에 대해 단호하게 경계한다. "한 그루의 나무를 자르지 말고 욕망의 숲 전체를 잘라라. 위험은 욕망의 숲에서 생긴다. 욕망의 숲과 잡목을 자르고, 욕망에서 벗어난 자가 되어라. 그리고 영원한 자유를 찾으라."

모두가 모른 척하는 그늘

아무도 모른다(2005)

불교의 수행 의식 중 하나로 탁발이 있다. 본래 탁발은 불교만이 아니라 인도 지역 수행자들에게 널리 퍼진 수행 방식이었고, 석가모니가 불교를 창시한 이후 승려들이 생활을 유지하는 가장 기초적인 방법이었으며, 태국이나 미얀마 등지에서는 승려들이 여전히 이 탁발 행위를 많이 하고 있어서 관광객들이 탁발에 동참하는 체험을 즐기기조차 한다.

‘걸식乞食’, ‘걸행乞行’ 등으로도 번역되는 탁발은 수행자가 남에게서 음식을 빌어먹는 행위이다. 신도들이 식량이나 재물을 수행자에게 기부하는 행위가 시주라면, 탁발은 이 시주를 받기 위한 수행자의 두드림이 먼저 있어야 하는 일이다.

원래 탁발의 의미는 수행자로 하여금 무소유의 원칙에 따라 끼니를 해결하는 것조차 남의 자비에 의존하는 수행을 통해 자만과 아집을 버리게 하는 동시에 보시布施하는 사람에게는 복덕福德을 길러 주니 주는 자도 받는 자도 선업을 쌓는 일이었으나 수행이 아니라 생계 삼아 시주를 강요하는 승려 사칭 사이비들의 문제가 커지면서 우리나라에서는 대한불교조계종 등에서는 모든 승려의 탁발행위를 아예 금하게 되었다.

지금은 사라졌지만 경제가 어렵던 시절에는 거지가 집집마다 돌아다니며 음식을 구걸하던 시기도 있었다. 사람들이 식은 밥이든 남은 반찬이든 내 주는 마음은 음식이 남아돌아서가 아니었다. 성가셔서 음식을 나눠 주고 내보내려는 마음도 있었겠지만, 배를 곯는 이웃을 모른 체하지 못하는 마음이 있었기 때문이다. 그러니 나면서 엄마를 잃은 심봉사 딸 청이가 동냥젖으로 무탈하게 자라날 수 있다는 심청전 이야기도 나왔을 것이다. 이웃집 사정 서로 들여다보던 마을 공동체가 사회의 바탕이던 시절의 이야기다. 그러나 이제 바로 문 하나 사이에 두고 누가 주리고 외롭고 힘든지를 알 수 없게 된 것, 그것이 바로 도시의 그늘이다. 사람들은 더 많이 바글바글 모여 살지만, 그리고 살림살이는 더 풍요로워졌지만 이웃의 고통은 도시에서는 정말 아무도 모르는 남의 일이 되었다.

고레에다 히로카즈 감독은 첫 작품 〈환상의 빛〉(1995)으로 베니스국제영화제에서 촬영상을 수상했고, 〈아무도 모른다〉(2004)로 칸 국제영화제에서 남우주연상을 수상했으며, 한국배우 배두나를 주인공으로 등장시킨 〈공기인형〉(2009)이나 예술영화 전용관에서 작게 개봉해 관객들에게 큰 사랑을 받은 〈진짜로 일어날지도 몰라 기적〉(2011) 등으로 잘 알려진 일본인 감독이다.

고레에다 히로카즈 감독을 세계 영화계가 주목하도

록 만든 〈아무도 모른다〉는 아이들의 이야기다. 영화 곳곳에서 무심한 듯 지내는 아이들은 관객의 눈시울을 뜨겁게 하지만 자신들은 제대로 울지도, 화를 내지도 않는다. 그래서 더 절절하다. 눈물을 자아내게 만드는 영화들이 주로 쓰는 장치는 아이들의 고난이나 죽음이다.

어른의 세계에서 빚어진 온갖 문제가 맑고 순수한 아이들의 세계로 흘러드는 순간, 어둠이 드리워진다. 아무것도 알지 못하는 자의 천진난만한 눈빛으로 고난에 맞선 아이들이 상대해야 하는 것은 병이나 가난, 가족의 결손 따위로 아주 사적인 문제들이다.

사람들은 구경거리가 된 불행을 향해 실컷 눈물 콧물을 쏟아 내고는 극장 문을 나서면서 생각한다. '불쌍하고 딱하지만, 어쩌겠어. 어쩌다 그렇게 태어난 게 문제지.'라고. 그러다가 각자의 가족을 유난히 챙겨야 할 명절이 가까워지면 불우이웃에 대한 작은 정성을 보태는 게 고작일 뿐이다.

성냥팔이 소녀가 다른 사람들의 화려한 성탄절을 들여다보며 '살려주세요'라고 외치는 대신 '성냥 사세요'라고 속살거린 목소리는 웃음과 캐럴에 묻혀 버렸다. 아이가 곱은 손으로 그은 성냥불은 휘황한 축제 장식에 가려졌다. 도시의 그늘 속에서 아이는 엄마를 그리며 세상을 떠났다.

아이를 길바닥으로 내몬 것도, 아무도 돌아보는 이 없는 차디찬 죽음을 맞게 한 것도 다 엄마가 없기 때문이었다. 과연 그런 걸까? 1965년에 만들어진 이래 세 번이나 리메이크된 〈저 하늘에도 슬픔이〉나 1977년에 만들어진 〈엄마 없는 하늘 아래〉처럼 가족의 불행이 아이의 원죄가 된다는 것은 스스로의 종적 특징을 '사회적 동물'이라는 데서 찾는 인간이 댈 수 있는 핑계로는 너무 얄팍하다.

아마도 이 영화들이 만들어지던 당시에는 '가난'이라는 불행의 뿌리가 깊고도 넓어서 당대 관객들은 아이들의 불행이 마치 자기 자신의 불행인 양 공감의 눈물을 흘렸을 것이다. 까탈스럽기가 유난한 칸 영화제에서 열네 살 어린 소년에게 최우수 남우주연상이 돌아가도록 한 영화 〈아무도 모른다〉는 가난이 더 이상 공감을 불러일으키지 않는 시대의 비극을 이야기한다.

눈빛이 서글서글한 소년 아키라가 엄마와 도쿄의 작

은 아파트로 방금 이사왔다고 인사를 다니더니, 집에 와서 커다란 옷가방을 연다. 그 속에서 까르르 웃으며 개구쟁이 사내아이랑 방글방글 웃는 꼬맹이 아가씨가 튀어나온다. 집 밖으로 숨 가쁘게 달려나간 아키라가 제법 철이 들어 보이는 소녀를 살금살금 데리고 들어온다. 그때부터 아키라 말고는 어느 아이도 집 밖으로 나가지 못한다. 아이들이 많으면 집을 얻기 힘들기 때문이란다. 학교를 다니기는 커녕 제 집 창밖조차 마음껏 내다볼 수 없는 아이들에게 아키라는 세상과 통하는 창구이자 집을 지키는 기둥이다. 제 각각 아버지가 다른 아이를 넷이나 낳은 철없는 엄마는 친구처럼 격이 없기도 하지만, 무책임하기가 이를 데 없더니 어느 날 홀연히 사라져 버린다. 엄마는 사라지고, 집세를 내지 못해 전기도 끊긴 아파트에서 서로를 의지하며 살아가는 아이들이 처음에 두려워했던 건 세상이 자기들을 알아채는 것이었다. 그래서 여전히 집안에만 숨어 지내던 아이들이 어느 순간 알아 버렸다. 자기들이 아무리 세상을 휘젓고 다닌들 누구 하나 관심도 없다는 것을. 그러다 한 아이가 죽고, 그 작은 몸뚱어리가 가방에 실려 지하철을 타고 도심을 가로지른들 눈길 하나 주는 이 없다는 것을. 이 이야기는 일본에서 실제로 일어난 사건이 영화로 재구성된 것이다.

〈아무도 모른다〉의 감독 고레에다 히로카즈의 말처럼 이것은 '도시에서 살아간다는 것'에 대한 이야기다. 우리의 눈물샘을 자극하려는 구경거리로서의 불행이 아니라 그 불행에 무관심한 우리의 이야기다.

개봉한 지 한참 된 〈아무도 모른다〉가 여전히 우리 마음을 욱신거리게 만드는 것은 영화를 보고 흘렸던 눈물이 부끄럽게도 여전히 많은 아이들이 세상 곳곳에서 아무도 모르게 사위어 가고 있기 때문이다. 라면 형제에게 온정이 쏟아진다는 소식은 탁발의 두드림이 없더라도 보시할 수 있는 마음으로 돌아보지 못한 부끄러움을 갚으려는 마음일 것이다.

격리의 시대에 돌아보는 외로움과 수행, 소통의 이야기

김씨 표류기(2009)

2019년 12월부터 코로나19가 전 세계를 휩쓸면서 봄꽃 고운 줄도, 여름 바다 시원한 줄도 제대로 누리지 못하고 지내는 사이 어느새 바람 서늘하게 느껴지는 가을이 오고 있다. 이렇게 계절이 바뀌는 동안 세상은 '격리'된 곳이 되었다.

제일 먼저 감염이 확진된 사람은 당연히 격리되고, 확진자를 만났거나 확진자가 머물렀던 곳, 활동했던 곳에 있었던 사람도 검사를 받고 건강이 확인되기 전까지는 격리를 해야 하고, 외국을 오간 사람들도 격리의 시기를 거쳐야 한다.

'격리'는 사람을 고립되도록 한다. 원래 '전염병에 걸린 사람이나 동물을 다른 개체에 대한 전염력이 없어질 때까지 건강한 사람들로부터 분리시켜 놓는 것을 일컫는 의학 용어'인 격리가 이제 일상의 용어가 되었다. 병을 옮길까 봐 떨어져 있게 하다 보니 '사람이나 사물을 다른 것과 통하지 못하도록 따로 떼어 놓거나 사이를 막는' 벽을 강제로 쌓도록 하는 것이다.

코로나가 우리의 삶을 잠식한 이후 자기 자신과 가족, 이웃, 그리고 공동체의 안전을 위해 서로 만나지 않고 모이지 않는 것이 예의, 규범, 미덕이 되었다. 결혼식, 장례식, 입학식, 졸업식같이 모여서 함께 하던 행사는 삼가야 했고, 심지어 학교 수업조차 온라인으로 진행되면서 학생과 선생님이 만나지 못하고, 학생끼리도 만나지 못하는 상황이 일상이 되기도 했다.

이렇게 긴장과 통제가 지속되는 상황에서 어떤 종교

집단은 세상이 위험해지든 말든 자기들끼리 모여서 종교 행사를 하는 것도 모자라 도심 광장에 우르르 모여들어 정치 관련 집회를 열기도 했다. 그 행사를 주최한 종교인부터 정치인, 거기 모여 정치적 구호를 외친 사람들 가운데 감염자가 줄줄이 나온 건 그들이 감당할 벌이거니 여기면 되겠지만, 덕분에 나라가 쑥대밭이 되었다.

그동안 많은 사람들이 노력해서 회복해 놓았던 일상이 다시 얼어붙었다. '옷깃만 스쳐도 인연'이라는 옛말에는 코로나19 상황을 겪으면서 정말 고개를 끄덕이게 만드는 지혜가 담겨 있다고 깨닫게 된다. 일단 누군가 악의를 품고 일부러 모여 병을 퍼뜨리기로 작정하면 그들이 스쳐간 자리에 악의의 씨앗이 뿌려지고, 그것들이 사람들 사이에서 자라나기란 얼마나 쉬운가? 가족, 친구, 직장동료 줄줄이 감염되도록 만드는 건 원래 맺은 인연 탓이려니 하겠지만, 그들과 알지도 못하는 사람들이 '지역사회 감염'으로 받아야 하는 고통은 억울한 일이다.

지금은 많이 완화되었지만 '격리'의 단계가 길어지고, 강화되던 시절, 소소하게 장사를 하고, 식당에서 음식을 사 먹고, 미용실에서 머리를 다듬고, 운동을 하러 체육관에 가고, 뭔가를 배우러 학원에 가던 일상은 멈춰 버렸다. 그래야만 서로가 안전할 수 있기에 사람들은 다들 '격리'로 스스로를 가두었던 것이다.

이런 시기에 격리와 외로움에 대해 생각해 보도록 하는 영화 〈김씨 표류기〉(이해준 감독)는 정말 탁월한 작품이 아닐 수 없다. 영화가 개봉되던 2009년에는 격리가 참 별스러운 소재였는데 이제는 일상이 되었다. 이해준 감독은 표류란 사람 사이에서 벌어지는 격리와 외로움이라며 표류의 지점을 도시로 설정한다.

섬. 강이나 바다 가운데 떠 있는 땅. 주위를 둘러싼 물은 계속 흘러가는데 그 흐름을 타고 같이 휩쓸려 가지 못하고 한 자리에 붙박이로 남아 있는 곳. 흔히들 사람은 누구나 각자가 외로운 섬이라고 한다.

〈김씨 표류기〉는 도시 가운데 있는 지리로서의 섬과 사람 가운데 고립된 존재로서의 섬을 엮어 낸다. 서울 한가운데 섬이 있다. 한때는 고립된 지리적 특성을 살려 귀양지로 이용되기도 했고, 한때는 사람들이 뽕나무 심고 누에 치며 나름 부를 일구는 곳이기도 했던 그 섬은 근대화를 겪으며 새로운 도시의 꼴을 갖추는 과정에서 깎여 나가고 점점 작아지면서 어느덧 사람이 살 수 없는 곳이 되었다. 여의도 바로 옆, 서강대교 아래 새들이 노니는 밤섬이 그 섬이다.

직장에서 구조 조정당하고, 연인에게 버림받고, 남은 것은 엄청난 대출금 갚으라는 반환 독촉 전화뿐인 남자 김씨가 밤섬에 흘러들어 가게 되었다. 그 옆 아파트 숲에는 세상의 시선을 감당하지 못해 방문을 닫아걸고 오직 온라인으로는 컴퓨터 윈도우, 오프라인으로는 자기 방 창문을 통해서만 바깥 세상을 겪는 여자 김씨가 섬을 바라보고 있었다. 각자 사람 가운데 섬인 김씨 남녀는 대도시 한가운데서 떠돌면서 어떻게든 살아보려 한다.

문명사회에서 떨어져 나가 갑자기 야생의 삶을 살아야 하는 로빈슨 크루소와 달리 〈김씨 표류기〉는 자본주의 하이테크놀로지 시대에 그 첨단의 잉여, 쓰레기 속에서 살아남는 방법을 그린다. 남자 김씨가 섬에 흘러들어와 쌓인 이런저런 폐품들을 활용해 무한도전식 서바이벌 게임을 하는 동안, 여자 김씨는 버추얼 리얼리티 사이버 아이덴티티 구축에서 익힌 클릭 솜씨를 발휘해 인터넷 쇼핑으로 소통에 필요한 장비와 소품을 갖춘다.

한쪽이 다른 한쪽을 훤히 내려다볼 수 있는 상황이니 섬을 벗어나기 위해 필요한 것은 우연이나 천재지변이 아니라 말을 건넬 수 있는 용기, 손을 내밀 수 있는 배려다. 그 용기와 배려를 실행에 옮기기 위해서는 일단 서로 눈이 마주쳐야 한다.

두 김씨 남녀가 눈을 마주치고, 말을 건네고, 손을 잡게 하는 과정은 세상과 떨어져 있다. 〈김씨 표류기〉는 영화의 첫 번째 전제, 시선을 통해 둘을 이어준다.

시선은 욕망을 낳고, 욕망은 희망을 낳고, 희망은 용기를 낳는다. 남자 김씨가 자살이라는 극단적 좌절과 포기를 결심하던 순간을 극복하게 된 것은 무언가를 보았기 때문이다. 밑동에 꿀이 든 샐비어 꽃, 분말수프가 들어 있는 짜장라면 봉지, 그리고 누군가 자신을 지켜보고 있다는 걸 알려 주는 편지. 이제 그는 먹고 싶고, 살고 싶고, 만나고 싶다.

여자 김씨도 그렇다. 타인의 시선을 피해 거짓 모습으로 자기를 꽁꽁 숨기던 여자 김씨는 남자 김씨를 본 순간부터 그 사람을 알고 싶고, 말 걸고 싶고, 바라는 걸 주고 싶고, 대답을 듣고 싶다.

시선이 관음증에서 그치지 않게 하려면 행동이 따라야 한다. 그런데 행동은 그 실행에 따른 결과를 만들고, 그 결과는 또 다른 관계와 실행을 필요로 할 것이다. 이해준 감독은 그저 바라만 볼 것인가, 실행할 것인가 사이에서 머뭇거림의 시간을 오래 지켜본다. 이건 영화니까, 영화가 할 수 있는 것, 보여 주는 데까지 보여 주는 것으로 그친다.

섬을 벗어났을 때, 또는 섬이기를 그만두기로 했을 때 세상의 흐름에 어떻게 휩쓸리게 될지에 대해서는 알 수 없다. 그래서 〈김씨 표류기〉는 참 우스운 순간도 많고 기발한 대사도 많지만 마음 편히 웃을 수 있는 코미디가 되기에는 버겁다.

관객의 입장에서 김씨 남녀를 그저 관람의 대상으로 지켜볼 수 있다면 킬킬대며 기발한 대사와 절묘한 연기를 즐길 수 있겠지만 그러자니 영화가 출발하는 문제의 지점에서 벗어나게 되고, 김씨 남녀의 안타까운 상황에 공감하고 동일시하게 되면 그 상황이 웃음보다 절절한 고통을 만들어 낼 뿐더러 애초에 그들을 섬에서 표류하게 만든 문제 자체는 여전히 남아 있다는 무거움을 떨칠 수 없게 된다.

그래도 일단 본다는 것은 무언가를 알게 되는 첫걸음이다. 남자 김씨가 '욕망은 사람을 똑똑하게 한다.'는 것을 깨닫고 욕망을 실현하기 위해 구슬땀을 흘려 마침내 희망하는 바를 하나하나 이루어 나갈 때, 그토록 바라마지 않던 한 그릇의 짜장면을 대충 쉽게 얻으려 하지 않고 자신의 땀으로 차려 내고자 할 때, 그만큼 똑똑해지고 실천할 능력을 키운 그는 표류 이전의 김씨가 아닐 것이다.

남자 김씨가 짜장라면 봉지를 화두로 삼아 짜장면 한 입을 맛보기 위해 공들이는 모습은 그야말로 수행정진의 과정을 보여 준다. 그는 그 과정에서 어느새 '해탈'의 길에 들어서고 있다. 그 영향은 여자 김씨에게까지 가 닿는다.

스스로 방문을 닫아걸고 말문을 열지 않던 여자 김씨가 먼저 바라보고 먼저 인사 건넬 힘을 냈을 때, 있는 그대로의 자기 모습을 세상에 드러내는 것을 망설이지 않을 때, 그만큼 용감해지고 소통할 자신이 생긴 그녀는 더 이상 외따로 떨어져 있는 섬으로 남지 않을 것이다.

영화는 여기까지. 나머지는 각자 세상과 겪어야 할 몫으로 남아 있다. 그러나 혼자가 아니라 사람과 사람이 함께 할 수 있어야 가능한 점이니 주위를 따뜻한 시선으로 돌아보기를.

〈김씨 표류기〉를 보면서, 그리고 코로나19로 격리의 시대를 살면서 '천상천하유아독존天上天下唯我獨尊'의 뜻을 다시 새기게 된다. '독불장군'이라고 잘못 쓰이는 이 말은 사실 어떤 사람이라도 오랜 시간 노력하면 이 세상에서 가장 존귀한 존재인 붓다가 될 수 있다는 석가모니의 가르침을 담은 말이다. 나면서부터 부처인 것이 아니라 노력해서 부처가 되는 것이다. 격리의 시대에 '독존'의 깨달음으로 다들 해탈하시기를.

아무도 모르게 혼자 죽은 자의 성불을 기원하는

혐오스런 마츠코의 일생(2006)

쪽방이나 고시원에서 죽은 지 한참 된 사람, 시사용어로는 '고독사'한 사람이 발견되었다는 소식은 유난히 마음 무거운 일이다. 살인, 강도, 사기, 폭력같이 험한 범죄로 다치거나 목숨을 잃는 경우도 언짢기는 하지만, 이런 경우 어떻게든 가해자, 범죄자를 찾아 세속의 법으로 죗값을 치르도록 할 수 있다. 그러나 아무도 모르는 사이 혼자 주리고 앓다가 숨을 거둔 사람이 있다는 것은 누구의 죄일까?

늙고, 병에 걸리고, 죽는 것은 태어난 모든 사람이 겪는 삶의 자연스러운 과정이라고는 하지만, 죽음을 통해 이번 생의 업에서 벗어나 성불하기를 바라는 마음에서 사람들은 죽은 이를 애도하고, 추모하고, 재를 지낸다. 번뇌를 풀지 못한 채 세상을 떠나면 윤회의 고통이 다음 생의 업을 더 무겁게 할 것이다. 아무런 보살핌 없이 고독사한 사람이 이승에서의 마지막 순간을 맞이하는 동안 겪어야 했을 외로움, 두려움, 분노, 고통 등을 위로하고 풀어 주는 것이 산 자들의 몫인데 우리는 그 업을 다하지 못했으니 고독사한 사람들의 고통과 번뇌는 오롯이 우리 모두의 업으로 남을 것이다.

새해 첫 달, '새해 복 많이 받으라'는 덕담을 나눠야 할 즈음에 유난히 고독사 소식이 눈에 밟혔다. 한창 추운 겨울, 해를 넘기면 좀 잦아들려나 했던 전 세계적인 질병 코로나가 오히려 걷잡을 수 없이 퍼져나가는 시절이다 보니 사람이 사람을 만나는 게 잘못처럼 여겨지는 세상이 되었다. 무색하게 형편이 어려운 사람이 늘어나고 인심도 팍팍해지면서 뉴스를 보는 게 두려울 정도로 험한 사건사고가 넘쳐나는 정월 풍경은 뒤숭숭하기만 했다. 이런 시기에 모처럼 따스하고 자비가 담긴 소식을 신문 한 구석에서 발견하는 건 자비를 베푼 분들이나 그 자비로 덕을 입은 분들 말고도 기사를 보는 사람에게까지 공덕이 미치는 일일 것이다.

지난 1월 27일, 〈법보신문〉을 훑어보다 알게 된 기사 한 편이 그렇게 훈훈했다. 서울 영등포 쪽방촌에서 고독사 망자를 위한 천도재를 올린 단체가 있다는 소식이었다. 자비나눔공덕회(회주 마가 스님)가 영등포 쪽방촌에 삶의 의지를 잃어버린 주민들을 응원하고 마음을 보듬는 상담센터를 열면서 개원식에 앞서 고독사한 영혼들을 위로하는 천도재를 먼저 봉행했다는 것이다.

부처님의 법력이 쪽방촌 주민들에게 스며들어 번뇌와 고통이 해소되길 기원하며 주민들이 분노와 무기력감에서 벗어날 수 있도록 상담하며 대면만이 아니라 전화 상담도 가능한 이 상담센터를 마련한 마가스님은 "쪽방촌을 처음 방문한 날 옆방에서 한 어르신이 돌아가신 지 1주일 만에 발견됐다는 이야기를 듣고 외로운 분들, 고독사한 분들을 위한 천도재를 계획했다."며 "앞으로도 매년 설과 추석날이 오면 봉행할 것"이라고 말했다. 스님은 이어 "음식은 육체적인 배고픔을 달래주지만 정신적 허기는 채울 수 없다."며 "고민을 들어주고 이야기하는 상담으로 마음의 배고픔을 채워주면 진정한 의미의 복지가 실현될 것"이라고 강조했다. 김윤석 쪽방도우미봉사회장은 "쪽방촌에 법당이 생긴 지 20여 년이 지났지만 천도재가 봉행된 것은 이번이 처음"이라며 "천도재와 마음충전상담소가 주민들에게 큰 힘이 될 것이라고 생각한다."며 감사의 뜻을 전했다. 장정화 대불청 회장도 "오늘 개원식을 보고 회원들과 더 많은 봉사와 나눔을 실천해야겠다고 다짐했다."고 말했다.•

이 기사를 보고 문득 불자들께 소개하고픈 나카시마 테츠야 감독의 영화 〈혐오스런 마츠코의 일생〉이 떠올랐다. 2007년 일본 아카데미상 수상작인 이 작품은 야마다

•
〈법보신문〉, 2022-1-27 기사 참조.

무네키의 베스트셀러 소설이 원작이다. 영화뿐 아니라 TV 드라마와 뮤지컬로도 제작되어 많은 관객들로부터 공감을 이끌어낸 영화는 아름답고 슬프면서도 위로를 담고 있다.

영화는 이렇게 시작한다. 강변에서 맞아 죽은 무연고자 중년 여인의 시신이 발견된다. 죽은 여인의 모습은 추하고, 생전의 성정은 괴팍했으며, 주위 뿐 아니라 자기 자신조차 돌보지 않아 살던 흔적마저 구질구질하기 이를 데 없었다.

어쨌든 죽은 이를 수습해야 하는데 이 영화는 자연사가 아니라 누군가로부터 폭력을 당해 죽은 사람에게 가해진 살해의 동기를 밝히는 수사물의 길을 가는 대신, 여인의 이름과 과거를 찾는 좌절된 성장영화의 길을 되짚어 밝히고자 한다. 무연고자 변사자가 죽음에 이르기까지의 인연과 업을 차곡차곡 하나하나 찾아나가는 과정은 그 자체로 천도재와도 같다. 도대체 무엇이 이 여인으로 하여금 그토록 혐오스러운 삶을 살다 죽음에 이르게 했던가. 〈혐오스런 마츠코의 일생〉은 이 수수께끼를 풀어나가는 구슬프고 우스꽝스러운, 그러나 따뜻하고 정성스러운 위로다.

그녀의 이름은 마츠코. 가족도 있었다. 지극히 평범하고 단란한 일상을 살아가는. 그러나 생전의 그녀를 기억하는 가족은 그녀를 외면하고, 그녀의 존재조차 알지 못했던 백수건달 조카가 마츠코의 쓰레기더미 인생에서 남은 부스러기를 정리하는 일을 느닷없이 떠맡으면서 영화가 시작된다. 그런데 세상에! 알고 보니 젊은 날 마츠코는 상냥하고, 아름답고, 사랑스러운 음악 선생님이었더란다. 어쩌다 이렇게 망가져 버린 걸까? 매번 형편없는 남자와 가망없는 사랑을 하면서 점점 더 악랄해지는 윤락과 범죄의 수렁에 빠져들더니 마침내 살인범이 되고 자신도 누군가에게 맞아 죽는 피살자가 되었던 걸까?

마츠코의 곡절 많은 생애를 굽이굽이 되짚어가면 남을 기쁘게 하려는, 그래서 사랑이라는 걸 제대로 한번 받아보려는 애절한 바람으로 목이 바짝 타는 아가씨를 만나게 된다. 사랑과 인정에 목마른 나머지 어쩌다 저지른 실수 하나에 발목이 잡히자 그 매듭을 푸는 대신 감추고 더 꼬아버린 것이 빛나던 한 인간의 삶을 어둡고 불쾌한 혐오의 대상으로 만들어 버렸다.

수학여행에서 돈을 훔치던 학생의 죄를 덮어보겠다고 어영부영 상황을 악화시키던 순간, 무엇이 잘못되었고 자신은 또 무엇을 잘못했는지를 밝히기보다 '잘못' 자체를 덮어버리려던 그 순간이 마츠코의 일생을 엉망진창으로 만들어버린 '혐오스러운' 변곡점이다.

그 '잘못'을 이해해 주지 않는다고, 그 '잘못'을 덮어 주지 않는다고, '잘못'에도 불구하고 사랑해 주지 않는다고 스스로를 망가뜨려버린 것이 '잘못' 자체보다 더 큰 마츠코의 '잘못'이다. 그 '잘못'은 마츠코를 가족과 절연하게 만들고, 세상과 불화하게 만들고, 스스로를 사랑하는 대신 오직 사랑받기 위해 모든 것을 감수하느라 혐오스러운 일생을 감수하게 만들었다.

그러나 아무도 진정으로 마츠코를 사랑해 주지 않았기 때문에 마츠코는 텅 빈 집에 들어설 때마다 공허함을 흩어 버리는 인사를 한다. '다녀왔습니다'라고. 마츠코로 하여금 혐오스러운 삶을 버텨내도록 한 것은 언젠가 누군가로부터 그 '다녀왔습니다'라는 인사에 대한 화답이 있으리라는 희망이었을 터. 어두운 시절을 함께했던 벗의 손

짓에서 작은 희망의 실마리를 발견하고 세상과의 벽을 허물고 밤길을 헤매는 아이들에게 말을 건네는 순간 화답 대신 돌아온 것은 몽둥이였다. 그렇게 마츠코는 맞아 죽었고 몸은 혐오스러운 삶의 더께로 덕지덕지 얼룩진 채 버려졌다.

그러나 마츠코의 죽음을 마주했을 때 시신이 아니라 삶을 수습하려는 조카의 노력은 마침내 마츠코를 '잘못'으로 어긋나기 전의 순간으로 되돌려 환한 웃음으로 인사하게 만든다. 스크린을 정면으로 바라보는 마츠코의 웃음 어린 '다녀왔습니다' 인사는 얼마나 아름다운지. 마츠코는 스스로의 삶을 바쳐 '잘못'에 대처하는 자세가 한 번 그릇되면 바로잡기가 얼마나 어려운가를, 한 번 어긋난 판단에 사로잡히면 삶이 어떻게 피폐해지는가를 평생에 걸쳐 몸과 마음으로 겪어 내고서야 자신과 세상에 대한 모든 혐오를 떨쳐 버릴 수 있었다. 그러므로 마츠코의 인사를 기꺼이 받아들이고 대답하기 위해 영화를 보고 나면 우리는 또 스스로와 이웃을 돌아보게 된다.

베스트셀러인 영화의 원작은 원래 추락을 거듭하는

마츠코의 불행이 무겁게 짓누르는 듯한 소설이었으나 감독은 “영화는 엔터테인먼트여야 한다.”라고 말한다. 그러고는 ‘디즈니 영화의 주인공 공주가 실수로 다른 문을 열어버린다면 마츠코처럼 살게 되지 않을까’라는 시점에서 마츠코의 출생부터 죽음까지의 방대한 이야기를 어느 하나 빠트리지 않고 영화 안에 담기 위해 경쾌한 뮤지컬로 작품을 만들어 냈다. 그냥 드라마로는 비참하기만 했을 마츠코의 인생은 만화와도 같은 노래와 춤, CG를 거치면서 동화와도 같은 판타지를 만들어낸다.

“마츠코라는 결점 투성이의 매력적인 여성을 되도록 많은 이들과 만나게 하고 싶다.”는 감독의 의도와 원작을 읽고 배우로서 이렇게까지 파란만장한 일생을 한 번 연기해보고 싶다고 생각해서 영화화 소식을 접하자마자 스스로 마츠코 역에 자원한 일본 영화계의 독보적인 배우 나카타니 미키는 결점 투성이에 불행의 나락으로 추락하면서도 사랑스러운 마츠코 역으로 영화가 개봉되던 해 일본영화제의 모든 여우주연상을 싹쓸이했다.

죽은 이의 영혼을 극락으로 보내기 위해 치르는 불교

의식이 천도재라면, 이 영화는 고독사한 불행한 사람의 영혼을 성불시키는 영화적 천도재라고 할 수 있다. 마츠코가 올랐던 극락을 향한 계단을 모든 고독사한 이들이 오를 수 있기를.

4부

무한한 인연, 희망의 연꽃

전태일의 화쟁과 인연

미싱타는 여자들(2020)

지금 옷 사러 나가 제조 국가를 들여다보면 거의가 다 중국이나 베트남과 같이 인건비 헐한 외국에서 만들어진 것들이다. 20세기에는 우리나라가 그런 나라였다. 살림살이 팍팍하던 근대화 시기에는 배움이 귀했고, 사람 품값이 참 쌌다. 가족이 많으면 귀한 배움의 기회는 아들 몫이었고, 딸들은 가족 살림 보태고 남자 형제 뒷바라지하기 위해 일찍부터 일터에 내보내는 게 흔한 시기였다. 모든 것이 잿더미가 된 한국전쟁이 막 끝난 시기에는 남녀 가릴 것 없이 일자리 자체가 귀했다. 입에 '풀칠'이라도 하는 것이 어딘가 했던 시기였다. 그런 시대에 어머니 아버지 세대들, 참 열심히 사셨다. 농사지을 땅 없고 장사할 가게 없으면 자기 맨몸으로 할 수 있는 일자리 찾아 어떻게든 가족을 먹여 살리고, 형제를 학교에 보냈다. 학교에 간 형제만큼은 맨몸으로 말고, 머리 굴리고 돈 굴리며 더 나은 삶을 살게 만들어 주려고.

남자 어른의 번듯한 일자리도 드문 시대, 학교 대신 일터로 나가야 했던 어린 여자 아이들에게 허락되는 일자리라는 건 힘은 더 들고 삯은 더 헐한 자리들뿐이었다. 남의 집 온갖 허드렛일 도맡아 하고서 월급은 쥐꼬리 같은 식모살이는 서울에 친척이라도 있어야 갈 수 있었고, 아무 기술 없이 어린 여자아이가 할 수 있는 일이라는 건 봉제공장 시다 자리 정도였다.

일이라는 게 그렇다. 자기실현을 위해 고르고 골라 하는 일도 꾀가 나고, 지겹고, 놀고 싶어지는 법인데, 어쩔 수 없이 해야 하는 희생이라면 더 고되고 지치게 된다. 또래들 교복 입고 가방 들고 학교 가는 시간에 공장에 나가 쉬는 날도 없이 실밥 먼지 들이켜가며 일하는 소녀들에게 기특하다고, 장하다고, 훌륭하다고 칭찬하는 세상도 아니다. 가난하다고, 배움이 짧다고, 집안 보잘것없다고 오히려 함부로 대하고, 무시하고, 돈도 적게 준다.

생존이 중요하던 시기라며 '조국 근대화'를 부르짖던 그 시절, 한국 사회에서 '인권'은 헌신짝만도 못했다. 어린 여공들을 쓰는 이유는 너무도 뻔했다. 일 많이 시키고 돈 적게 줘도 되니까. 헌법이 제정될 때부터 최소한 이 정도 권리는 지켜야 한다고 정해놓은 '근로기준법'은 그림의 떡보다도 못했다. 그림의 떡은 보고 감상이라도 하지, 서슬퍼렇던 유신 시대에는 근로기준법이나 노동조합 얘기를 했다가는 바로 빨갱이로 몰려 잡혀가고 갇히기 일쑤였다.

그런 상황에서 한 노동자가 "근로기준법을 지켜라"고 나섰다. 청년 전태일.

전태일은 겨우 초등학교 4학년까지 다니고 중퇴해야 할 정도로 가난한 집안에서 봉제공장 일하던 아버지한테 배운 재봉기술로 열일곱 살 때부터 평화시장 봉제공장에서 일했다. 같은 봉제 밥을 먹어도 관리자 말고 기술 쪽에서는 재단사가 제일 대접받고, 다음이 미싱사, 그 아래 여기 치이고 저기 치이는 게 시다였다.

소년 전태일은 하루 14시간 꼬박 일하면 당시 차 한 잔 값이던 50원을 월급으로 받던 시다에서 시작해서, 다음 해 미싱사로 옮겨 재봉사로 일하게 되었으니 일터에서는 기 펴고 살만 했을 것이다. 그러나 자기 형편 나아진 것보다 자신과 일하는 어린 여공들이 적은 월급과 열악한 환경, 과중한 노동에 시달리는 것을 보며 노동운동에 관심을 가지기 시작했다.

함께 일하던 여공 하나가 폐렴에 걸려 강제 해고되었을 때 여공을 도왔다는 이유로 같이 해고되었던 전태일의 당시 일기다. "정말 하루하루가 못 견디게 괴로움의 연속이다. 아침 8시부터 저녁 11시까지 하루 15시간을 칼질과 다리미질을 하며 지내야 하는 괴로움, 허리가 결리고 손바닥이 부르터 피가 나고, 손목과 다리가 조금도 쉬지 않고 아프니 정말 죽고 싶다. (…) 육체적 고통이 나에게 죽음을 생각하게 하는 것이 아니라 정신적 고통이 더욱 심하기 때문이다. 두 가지 가운데 한 가지만 없어도 좋겠다. 미싱 6대에 시다가 6명, 다른 집 같으면 재단사, 보조, 시다 3명이 해야 할 일을 나 혼자 하니 정말 고통이 이만저만이 아니다."

어린 시다들을 집으로 돌려보내고 밤늦도록 혼자서 시다가 해야 할 일을 해 주다가 들켜 해고될 정도로 정 많던 전태일은 마침내 뜻 맞는 벗들과 1969년 6월 평화시장 최초의 노동운동조직인 '바보회'를 창립해서 평화시장 노동자들에게 근로기준법의 내용과 현재 근로조건의 부당성을 알리고 설문을 통해 근로실태를 조사하기 시작했다. 그러자 당연히 업주들은 이 조사를 방해했고 전태일은 평화시장에서 내쫓겨 공사장에서 막노동을 하며 지내다가 다시 평화시장 재단사로 돌아와 이전의 바보회에서 더 나아간 '삼동친목회'를 꾸려 본격적으로 노동운동에 나섰다.

직접 노동실태 조사 설문지를 돌려 126장의 설문지와 90명의 서명을 받아 1970년 10월 6일 노동청장 앞으로 '평화시장 피복제품상 종업원 근로개선 진정서'를 제출한 내용이 '골방서 하루 16시간 노동'이라는 제목으로 〈경향신문〉 사회면에 기사로 실리게 되었고, 전태일 등 삼동회 회원들은 본격적으로 임금, 노동시간, 노동환경의 개선과 노동조합 결성 등을 위해 사업주 대표들과 협의를 벌였다.

그래도 전혀 개선되는 것이 없자 근로기준법 화형식을 하기로 한 11월 13일, 노동환경 개선을 요구하는 삼동회 회원들을 막아선 사업주와 경찰들이 현수막을 빼앗고 다른 노동자들의 동참을 막으며 진압하려 하자 전태일은 온몸에 석유를 끼얹고 불을 붙였다. 그리고 "근로기준법을 지켜라! 우리는 기계가 아니다!"라는 구호를 외치며 불타는 몸으로 평화시장 앞을 달렸다.

그리고 2016년 11월 1일, 도법 스님이 위원장을 맡았던 조계종 화쟁위원회는 전태일재단과 공동으로 한국불교역사문화기념관 국제회의장에서 '전태일 정신과 불교'를 주제로 한 토론회를 열어 근로기준법 개정을 외치며 스스로 몸을 불살라 노동운동의 서막을 열었던 전태일 열사의 일생에서 대승보살의 자비를 읽을 수 있다고 밝혔다.

"인간의 생명은 고귀한 것입니다. 부한 자의 생명처럼 약자의 생명도 고귀합니다. 천지만물 살아 움직이는 생명은 다 고귀합니다."라며 발제자로 나선 김태현 민주노총 정책연구원 연구위원은 '일체중생이 불성을 가지고 있다는 부처의 말씀처럼 혁명적 선언'이라고 평가했다.

또한 "친우여, 나를 아는 모든 나여, 나를 모르는 모든 나여, 그대들이 아는 그대들의 전체의 일부인 나"라는 유서의 글귀는 불교의 연기사상과 맞닿아 있으며 "문맹이었던 육조 혜능이 방아 찧고 장작 패면서 수행했듯이 전태일은 평화시장에서, 삼각산의 공사판에서, 즉 삶의 밑바닥에서 노동하면서 깨달음을 얻었다."며 전태일의 삶이 수행하는 선사와도 같았다고 돌이켰다.

1977년 9월 9일, 청계천 옆 평화시장에서는 '제2의 전태일은 여자가 되어야 한다', '내가 죽겠다'라며 투신 시도를 하던 어린 여공들이 있었다. 청계피복노조와 함께하다

체포된 전태일 열사의 어머니 이소선의 석방과 공권력으로 폐쇄하려던 노동교실 사수 투쟁의 자리였다. 그때 농성을 주도하다 실형을 살았던 여공들은 40년이 지난 지금 어떻게 살고 있을까?

당시 평화시장 노동자의 80퍼센트였던 10대 소녀 시다들은 또래들이 학교에 갈 때, 공장에서 미싱 앞에 섰다. 이소선 어머니의 노동교실은 그 소녀들에게는 고된 일을 견디고 내일을 꿈꾸게 하는 희망이었다. 그 희망의 교실을 지키려다 감옥에 갔던 소녀들은 무너지지 않고 오히려 눈부시고 당당한 인권운동, 노동운동, 그리고 여성운동의 역사가 되어 있다.

〈미싱타는 여자들〉(김정영·이혁래 감독)은 바로 이 역사의 주인공들을 찾아낸 영화다. 전태일을 알고 〈아름다운 청년 전태일〉(박광수 감독)이라는 영화도 아는 사람들이 전태일로 하여금 스스로를 불사르게 했던 여공들에 대해서는 무엇을 알고 있는가를 묻는다.

'전태일의 누이들'은 그저 보살펴야 할 존재들이 아니었다. 평화시장에서 어머니 이소선 님과 함께 노동교실을 열었고, 그 교실을 지키려고 온몸을 내던졌고, 감옥에 가서도 그 뜻을 꺾지 않았고, 각자가 스스로 '전태일'이 되었다. 이렇게 전태일은 스스로를 바쳐 진흙탕 같던 당시의 노동현장에서 수많은 연꽃을 피워낸 것이다.

'전태일 정신과 불교' 토론회에서 '한국불교는 전태일 정신을 어떻게 계승할 것인가'를 주제로 발표한 조성택 고려대 교수는 "불교의 화쟁은 투쟁이 아닌 변혁에 초점을 맞춰야 한다"고 강조했으며, 화쟁위원장 도법 스님은 "최근 전태일 평전을 읽으면서 노동과 투쟁의 이미지에 가려진 그의 인간에 대한 탁월한 안목을 볼 수 있었다"며 "토론회를 계기로 인간에 대한 무한한 애정과 고통받는 사람을 구하려 했던 전태일의 헌신성이 새롭게 조명됐으면 한다."고 밝혔다.

〈미싱타는 여자들〉은 2020년 처음 부산국제영화제에서 관객들을 만났고, 그 후 여러 영화제에 초청 상영되었으며 올 초 개봉되었다. 어렸던 누이들은 그렇게 영화를 통해 그 시절의 자신을 만나고, 카메라 앞에서 지금의 자신을 만든 인연들을 다시 불러내고 관객들을 만나 화쟁의 큰 인연과 희망의 연꽃을 피워낸다.

한국 교회에게 묻는 성탄의 의미

쿼바디스(2014)

누군가의 태어남을 기린다는 것은 그 탄생으로 세상에 온 존재가 모두에게 좋은, 그리고 고마운 일을 했기 때문일 것이다. 그 영향이 어마어마하게 크면 종교가 되고, 종교의 기념은 전 세계적인 이벤트가 된다. 오늘날, 지구 곳곳에서 축복하고 기억하는 가장 큰 탄생은 석가모니의 탄생을 축하하는 석가탄신일과 예수 그리스도의 탄생을 기념하는 성탄절이다. 심지어 우리나라에서 이 두 기념일은 특정 종교를 믿든 안 믿든 모두가 누리는 공휴일로 지정되어 있기도 하다.

절집에 성탄 축하 현수막이 걸리는 게 뉴스가 되던 때도 오래전 일이고, 많은 불제자들이 믿음의 경계를 넘어 서로에게 크리스마스 인사를 건네고 선물을 전하고 마음도 나눈다. 그러니 세밑 크리스마스 시즌에 딱 맞는 영화를 하나 짚어 보기로 한다.

크리스마스에 얽힌 기독교계의 전승을 따르자면 로마의 위협과 헤롯 왕의 폭정 때문에 아버지가 누구인지도 모르는 사생아를 가진 임산부가 정치적으로 쫓기는 난민이 되어 망명길에서 목수 남편과 하룻밤 머물 곳도 구하지 못해 겨우 외양간에 들었던 한겨울 밤, 이불 한 자락도 없어 가축들 먹이통인 말구유에 낳은 아기가 예수 그리스도다. 가장 어렵고, 낮고, 서러운 상황에서 태어난 이 아기가 나중에 가장 귀하고, 정의롭고, 성스러운 존재로 거듭나기까지는 어마어마한 핍박과 배반과 모욕과 고문 끝에 죽음을 겪고 나서였다. 오늘날의 한국 교회는 이 탄생과 죽음,

부활을 통해 무엇을 깨우치고 전하는 것일까?

'쿼바디스'는 네로 황제의 폭정이 극도에 다다르던 시절, 로마 총독 빌라도에 의해 예수 그리스도가 십자가에 못 박혀 처형당한 후, 그 가르침을 전하러 제국의 심장인 로마에서 선교 활동을 하던 베드로가 겪은 일화에서 비롯된 물음이다.

박해를 피해 로마를 떠나려던 베드로가 자신이 지나온 길을 향해 가고 있는 예수를 만나 "주여, 어디로 가십니까? Quo vadis, Domine?"라고 묻자, "십자가에 다시 못 박히러 로마로 간다."는 예수의 대답에서 깨달음을 얻고는 다시 발길을 돌려 로마로 되돌아갔고, 바로 순교를 하게 되었다는 것이다.

법적인 아버지가 아닌 성령으로 잉태되었다는 예수 그리스도는 권력자의 학살 위협에 살던 곳 베들레헴을 떠나 타국인 이집트로 피신하던 길에 마굿간 말구유에서 태어난 난민이었고, 목수의 아들로 자랐으니 노동계급이었으며, 보수기득권자인 율법학자들과 맞서 싸우는 개혁운동가였고, 로마 제국주의 권력에 저항하는 혁명가였으며, 가난하고 소외된 이들을 아우르는 공동체를 이끄는 사회 운동가였다.

그런 실천을 따르고자 모인 이들이 만든 종교가 기독교였고, 유태인의 민족 종교가 아니라 범세계적인 종교로 퍼져 나가게 되기까지의 우여곡절은 정치적으로 핍박받는 나라였던 폴란드 소설가 헨리크 시엔케비치 소설을 원작으로 한 할리우드 고전 영화 〈쿼바디스〉(머빈 르로이 감독)에 잘 담겨 있다.

그리고 한국에서는 2014년 김재한 감독이 오늘날의 '쿼바디스Quo vadis'를 화두로 삼아 영화를 만들었다. 〈트루맛쇼〉로 대중이 미디어를 통해 비쳐지는 이미지에 얼마나 쉽게 현혹되는지, 그리고 그런 대중을 미디어는 얼마나 쉽게 조작하는지를 낱낱이 밝혔고, 다음 영화 〈MB의 추억〉에서 17대 대선 당시의 선거 캠페인을 통해 대통령 출마 후보자와 유권자 모두 당시 당선자 이명박 전 대통령에 대해, 'MB'에 대해 각자 어떻게 추억하고 정산할 것인지 생각하고 실천할 것인지를 물은 김재환 감독은 이른바 모태신앙인이다. 기독교 가정에서 자란 김재환 감독이 세 번째 작품 〈쿼바디스〉에서 다루는 것이 한국 교회인 건 정말 실상을 잘 알고 안타까워했기 때문이었을 것이다.

억압과 박해가 있는 곳, 믿음을 버리지 않으면 목숨을 잃게 되는 곳, 그곳이 바로 교회가 있어야 할 자리라는 가르침은 가혹하다. 이주민들, 노예들, 여성들처럼 시민권이 없는 이들도 모두 귀한 하느님의 자녀라는 예수 그리스도의 가르침은 지배자들에게는 위험하고 불온한 사상으로 여겨졌고, 대화재로 혼란에 빠진 로마의 정치적 불안을 가라앉히기 위한 희생양으로 많은 이들이 순교하게 되었다.

그러나 압제자 네로는 쫓겨나고, 그리스도교는 로마의 국교가 되었고, 이후 유럽 지역의 중심종교가 되었고, 정치와 문화를 아우르는 통치 이데올로기가 되었으며, 전 세계에 퍼져 나가 보편적 신앙이 되었다. 한국에서도 마찬가지다. 도서관이 없는 동네는 있어도 교회가 없는 동네는 거의 없다. 대형 교회, 작은 교회, 오래된 교회, 개척 교회….
참으로 많은 교회가 있다. 교회를 다니는 사람도 많다.

〈쿼바디스〉는 이런 상황에서 묻는다. 교회를 다닌다는 것이 예수 그리스도의 가르침을 따르러 가는 것인지, 아니면 교회 건물에 경배하러 가는 것인지를. 믿음이 그리스도의 말씀에 있지 않고 목사의 권위와 교회 자산인 부동산 크기에 달려 있는 것인지를.

거리나 지하철에서 스님에게까지 '예수천국 불신지옥'을 부르짖는 공격적 전도, 북한 김정은이 물려받았다는 백두혈통도 아닌데 목사 집안끼리 세습되는 교회 권력과 재산, 삶을 거룩하게 가다듬어야 할 성직자들의 성性 스캔들, 세속의 탐욕과 부정부패를 꾸짖는 대신 정치권력과 한통속으로 썩어 들어가는 유명 목사들, 그런 교회에서 희생과 섬김이 아니라 부귀영화를 기원하는 신도들….

이런 한국 교회에 예수 그리스도가 오신다면 신도들은, 목사들은 그분을 알아보게 될까? 그분은 그런 교회를 자신의 성전으로 인정하고 거기 깃드실 수 있을까? 신도들은 궁전 같은 규모와 장식을 한 교회 건축에 역사하는 재물이 아니라 보물을 하늘에 쌓아 두라는 가르침을 따를 수 있을 것인가?

〈쿼바디스〉 첫 장면은 서초동에 새로 들어선 초대형 교회인 사랑의교회 신축 문제로 시작해서 여의도순복음교회 조용기 목사의 탈세·배임 문제, 삼일교회 전병욱 목사의 성범죄 문제 등을 실제 자료 화면과 인터뷰를 통해 조목조목 파헤친다. 그리고 거의 대부분의 대형 교회에서 이루어지고 있는 담임직 세습과 전별금 문제 등까지 짚어 낸다.

그러다 보니 기독교계는 '한국교회언론회'를 통해 영화를 상영하려는 멀티플렉스 상영관들에 조직적으로 공문을 보내 〈쿼바디스〉의 상영을 중단하라고 압력을 행사하면서 더 큰 힘을 보여 주기 위해서 교계의 '조직적인 동참'을 요구하고 있다. 〈쿼바디스〉는 이미 개봉 전 후원자를 위한 순회 상영회나 언론시사회 때부터 시사회 장소로 예정되었던 멀티플렉스의 일방적인 취소 통보 때문에 갑자기 장소와 시간을 바꿔야 했다. 그리고 개봉 직전에는 영화에서 문제를 지적받은 교회 가운데 하나인 사랑의교회가 '설교영상 무단 사용과 이미지 훼손'을 이유로 영화의 일부분 삭제를 요구하는 내용증명을 보내기도 했다. 그러다 보니 〈쿼바디스〉는 멀티플렉스가 아닌 예술영화관을 중심으로

10여 개 개봉관을 확보해 겨우 개봉했다.

기독교가 '개독'이라는 비아냥거리가 되는 세태에서 기독교의 정신을 돌아보고, 진정한 신앙인의 자세와 교회의 역할을 고민하는 것이야말로 진정한 성탄의 의미가 될 것이다. 병든 이들을 낫게 하는 주술적 기적을 일으킬 수 있는 교회보다 더 중요한 것은 그 교회가 이웃을 병들게 하지 않는 것이다. 그리고 그 교회를 믿는 이들도 병으로부터 안전한 것이다.

전염병이 창궐하면 가장 고통받는 이들은 나이 많고, 이미 병이 있고, 형편이 어려운 사람들이다. 대중들이 개신교에 등을 돌리는 것은 종교적 박해가 아니라 불의에 대해 경계하기 때문이다. 그럼에도 자꾸만 교회 모임을 통해 병이 퍼져 나가고, 그런 자신들의 행태를 예수 그리스도의 이름을 빌려 정당화하려는 곳에 신이 깃들어 축복을 내릴 리가 없을 것이다. 성탄을 축하할 자격은 먼저 이웃을 아끼고 사랑하는 자세를 갖추어야 주어지는 것이다. 그러니 그런 교회를 향해 '주여, 어디로 가십니까?'라고 묻고 또 묻는다.

부디 이 겨울, 한 해 내내 마스크로 얼굴을 가리고 서로의 안부를 직접 만나 묻지 못하는 상황에서 자신의 종교의 가르침을 마음으로 지키며 행사를 자제해 온 모든 이들과 더불어 어딘가의 말구유에서 태어난 가장 어렵고 가난한 아기와 그 아기를 낳은 가족들이 안전하고 평화로울 수 있도록 한국 교회가 성찰과 변화로 거듭나는 크리스마스의 기적이 이루어지기를.

숨 한 번만의 인연으로도 연결되어 있는 것이 세상

컨테이젼(2011)

옷깃만 스쳐도 인연이라고 했다. 불가에서는 인因은 결과가 빚어지도록 하는 내적이고 직접적인 원인이며, 연緣은 그 결과가 나오기까지의 외적이고 간접적 원인이라고 말한다. 원인과 결과가 따로 나뉘는 것이 아니라 서로 얽혀 있다는 것이다. 그러니까 여러 가지 원인 가운데 주된 것이 인이며, 보조적인 것이 연이다. 인을 더 넓게 해석해서 인과 연을 합해 인이라고도 하고, 반대로 연을 그렇게 부르기도 한다. 모든 존재는 인연에 의해 생겼다가 인연에 의해 멸한다는 것이다. 인연은 인과 연에 의해 정해진 모든 생멸生滅의 관계이기도 하다. 다른 인연에 의한 것, 다른 사람에게 의존하는 관계, 즉 더불어 사는 모든 생명의 관계가 다 인연인 것이다.

현대로 오면서 인연보다는 원인과 결과로 세상을 나누는 세계관이 일반적이 되고 있다. 그런 관점에서는 세상사에 대해 책임을 지우기도 편하고, 탓을 하기도 쉽고, 공치사를 하기도 좋으니까. 그러나 나비의 날갯짓 하나가 지구 반대편에서는 태풍을 일으키기도 하는 것이 참진리요, 어떤 나비가 날갯짓을 했는지, 나비가 날개를 한 번 팔랑이도록 한 사태는 애당초 무엇이었는지까지 밝힐 수는 없다.

여기 어떤 인연이 세상을 걷잡을 수 없이 휘젓는 상황이 있다.

공항에서 젊은 여성이 통화를 하고 있다. 홍콩 출장을 마치고 미국에 있는 집으로 돌아가는 길, 출장지에서 만났던 사람에게 비행기가 늦어지고 있다고 불평하면서. 목이 불편한지 마른 기침을 하면서 통화하는 사이 간간이 기다리는 지루함을 달래려고 공항 스낵바에서 맥주 한잔 하며 서비스 안주로 작은 그릇에 담겨 있는 견과류도 집어 먹는다. 근처에는 국제공항답게 드나드는 사람들이 북적이고 있다.

가족이 있는 미국으로 돌아간 그 젊은 여성 베스(기네스 펠트로 역)는 바로 일에 복귀하지 못한다. 몸 상태가 점점 안 좋아져서. 그러다가 갑자기 쓰러져서 구급차를 타고 병원에 실려 간다. 그게 끝이다. 베스에게는 세상이 끝난 바로 그 짧은 기간, 세계 전체에 새로운 위협이 시작되고 있다. 인연의 실타래를 타고 처음에는 서서히 지역적으로, 그러다가 어느 순간부터는 걷잡을 수 없이 빠르게 모든 곳에서.

베스가 미국으로 돌아가서 앓다가 쓰러지던 그 시간 동안, 베스와 만났던 사람뿐 아니라 서로가 누구인지도 모르고 그저 스쳐 지나간 사람들, 심지어 그 사람이 지나가며 건드린 사물에 손을 댄 사람들의 일상이 겹쳐진다.

홍콩에서 누군가는 카지노에서 게임을 하며 칩을 주고받고, 누군가는 공항 스낵바에서 신용카드를 건네고, 그

신용카드를 받은 사람은 카드 단말기에 카드를 넣어 정산을 한다. 그 공항을 거쳐 일본으로 돌아간 누군가는 계속 기침을 하며 버스를 타고 가다 거품을 물고 쓰러진다. 버스에 타고 있던 사람들은 쓰러진 사람을 돕는 대신 다들 스마트폰을 꺼내 들고 그 상황을 찍어 SNS에 올린다. 런던으로 간 사람은 피트니스 센터에서 필라테스를 마치고 땀에 젖은 몸을 공동샤워장에서 씻고, 제네바로 간 사람은 첨단 고층빌딩으로 가서 사람들과 악수를 하고 테이블에 둘러 앉아 회의를 한다.

베스가 원인 모를 기침과 고열로 잠시 앓다가 순식간에 쓰러져 죽는 동안, 이 사람들 각자 각자도 자기가 있는 곳에서 같은 증상으로 쓰러져 죽는다. 그러는 사이에 이 사람들 하나하나는 자기 주변에서 사람들을 만나고, 물건을 사용하고, 탈 것을 이용해 이동하고, 구급차에 실려 병원으로 실려가고, 병원에서 의료진은 그들이 죽은 까닭을 밝히려 시신을 해부대에 올려 검시한다. 죽은 사람의 머리를 열어 뇌를 살피고, 가슴을 갈라 폐를 들여다보고서야 깜짝 놀란다. 새로운 질병에 망가진 신체를 보게 된 때문이다.

즉각 각 나라에서 보건당국에 보고되고 사망 원인을 알기 위한 조사가 시작된다. 미국에서는 연구자들이 베스의 증상을 최근 사망자들과 비교하고 샘플을 분석하여 그 위험이 얼마나 퍼질 것인지 알아내려 한다. 질병통제센터 책임자인 엘리스 치버 박사(로렌스 피시번 역)는 이 병을 즉각 공개했을 때 발생할 결과와 일단 지켜보며 수습할 방법을 찾는 동안 생길 결과를 고민한다. 그러는 동안 학교에 갔던 베스의 의붓아들이, 다른 나라에서는 홍콩을 거쳐 돌아갔던 사람들의 주변 사람들이 쓰러져 죽어가고 있다.

치버 박사는 바로 알리는 대신에 언론을 단속하면서 감염병 전문가인 미어스 박사(케이트 윈슬렛 역)를 파견해 병의 정체를 밝히려고 하지만 미어스 박사가 뭔가를 알아내기도 전에 병에 걸려 죽고, 이런 병이 번지고 있다는 사실을 언론에 알리려던 프리랜서 저널리스트인 앨런 크럼위드(주드 로 역)는 자신의 기사가 주류 언론사에서 거절당하자 기자로서의 직감과 정부 기관에 대한 사람들의 불신이 번져 있는 상황에서 자신이 알아낸 사실을 개인 블로

그에 공개한다. 사망자의 숫자가 보고된 것보다 많으며 치료법이 있는데도 공개되지 않고 있다고 주장하면서. 민간 치료법인 '개나리액'이 새로운 전염병에 특효가 있다는 크럼위드의 주장은 삽시간에 퍼져 나가 사람들은 개나리액을 구하려 북새통을 벌이지만 품절로 손에 넣기 어렵다.

상황이 이 지경이 되니 세계보건기구도 움직인다. 최초 감염경로를 조사하는 레오노라 오란테스 박사(마리옹 꼬띠아르 역)는 미국에서 벌어지는 것과 같은 사례가 런던, 홍콩, 도쿄를 비롯해 세계 여러 도시에서도 나타나자 감염경로를 추적해 가다가 마침내 최초 감염자이자 사망자인 베스의 동선을 살피던 과정에서 이미 죽은 감염자 두 사람이 서로 모르는 사이에 접촉하는 순간을 CCTV를 통해 찾아낸다.

정부가 질병에 대한 정보와 연구를 통제하는 동안 그 통제 밖에서 병을 연구하던 의사가 치료법을 찾아내어 먼저 자기 자신에게 실험해 본다. 그러는 동안 3개월이 흐르고 전 세계 인구 가운데 10억이 넘는 사람이 감염된다. 학교는 닫히고, 사람들의 일상은 격리되고, 병원은 넘쳐나는 환자로 아수라장이 되고, 의료진조차 병 앞에서 속수무책으로 쓰러진다.

이 이야기는 지금 전 세계를 위협하고 있는 새로운 전염병 코로나19 이야기가 아니다. 스티븐 소더버그 감독이 2011년에 발표한 의학 스릴러 영화 〈컨테이젼〉 이야기다. 영화 제목인 컨테이젼contagion은 의학 전문용어로 '접촉감염'을 뜻한다. 즉, '환자, 보균자, 또는 병원체가 묻은 의복, 물품 등에 직접 닿아 피부나 점막으로 감염되는 전염병의 전파양식'을 이르는 말이다.

제목이 쉽지 않다 보니 우리말로 번역되어 소개되지도 않았고, 마리옹 꼬띠아르, 맷 데이먼, 로렌스 피쉬번, 주드 로, 기네스 팰트로, 케이트 윈슬렛 등 이름만 들어도 다 아는 유명한 스타들이 출연했는데도 개봉 당시에 썩 크게 흥행을 하지도 않았지만, 요즈음 많은 사람들이 찾아보는 영화로 다시 화제가 되고 있다.

이게 다 코로나19, 우한 폐렴이라는 정체를 알 수 없는 새로운 괴질로 알려졌다가 변형 코로나 바이러스가 원인이 된 새로운 전염병이라고 밝혀지며 처음에는 중국을, 이제는 전 세계를 뒤흔들고 있는 바이러스성 호흡기 질환 COVID-19 때문이다.

사람들은 처음에는 중국의 상황을 보며 조롱하고, 경악하고, 혐오했다. 야생동물을 즐겨먹는 문화, 마스크를 구해서 쓰려는 북새통, 병이 창궐하는 지역을 통째로 차단하고 드론으로 사람들의 이동을 감시하는 공권력, 병에 대한 정보가 알려지는 것을 막는 중국 정부 등등 미디어를 통해 벌어지는 아비규환은 강 건너 불구경하듯 보기에는 너무도 공포스러웠고, 지금까지의 상식을 벗어나는 양상으로 전개되어 갔다.

하늘길을 막고, 사람이 오가는 걸 나라마다 막는다고 막아도 중국의 상황이 잦아들 무렵 병은 먼저 가까운 나라들로 퍼지고, 곧 전 세계에서 막을 도리가 없는 상황으로 치닫고 있다. 세계보건기구는 이 새로운 병에 대해 팬데믹pandemic 선언을 하면서 이제 감염자 한 사람, 나라 하나의 문제가 아니라 인류 전체의 문제라는 것을 인정하기에 이르렀다.

세계보건기구가 전염병 혹은 감염병이 세계적으로 유행하는 상태를 일컫는 전염병 경보 단계 중 최고 위험 등급인 팬데믹은 그리스어 '판pan(모든, 汎)'과 'demos(사람들)'가 합쳐진 말이다. 그러니까 모든 사람이 감염되고 있다는 의미에서 나온 말로, 범인류적 전염병이라는 뜻이다. 14세기 중세 유럽에 발생한 흑사병이나 20세기에 유행한 스페인 독감, 21세기 초반에 휩쓸었던 신종플루가 팬데믹이다.

팬데믹은 사람과 사람, 사람과 자연, 나라와 나라가 맺는 관계 속에서 인연을 돌아보게 한다. 누구에게 책임을 돌려 비난하고 혐오한다고 해서 상황을 돌이킬 수 없는 지경이 되었으니 이제 서로가 서로를 위해 조심하고, 배려하고, 불편을 감당해야 한다. 병이 어느 지역에서 시작되었든 그것이 퍼지게 된 건 사람들이 인연을 맺고 살기 때문이다. '세계화'를 추구하며 '지구촌'을 누비는 인간의 발자국이 이 사태를 키운 것이다.

〈컨테이젼〉에서 기자가 떠들어 대던 민간요법 '개나리액'은 가짜 뉴스였고, 그 뉴스를 이용해 주식으로 돈을 벌려던 꿍꿍이가 있었다. 마침내 백신이 나온 다음에도 세상은 바로 나아지지도, 원래대로 돌아가지도 않는다. 사람들은 백신을 맞으려면 로또 추첨으로 순서가 돌아와야 한다.

마스크로 폭리를 취하고, 신의 이름으로 사회를 혼란하게 하고, 정치적 이익을 따져 위험을 이용하는 행태들을 멈추고, 이제 이 범인류적인 병 앞에서 약사여래의 대원을 새겨 보며 서로를 위해야 한다. 내 몸과 남의 몸에 광명이 가득하게 하고, 덕을 높이 쌓아 중생을 모두 깨우치도록 애쓰며, 중생들이 욕망에 만족하여 결핍하지 않게 하고, 깨끗한 업業을 짓고, 일체중생이 나쁜 지배자나 강도 등의 고난을 받지도 않게 하고, 주리고 헐벗는 자가 없게 하려는 가르침이 인연에 깃들어 부디 모두 건강하고 편안하기를.

조선학교 학생들의 화두

60만번의 트라이(2013)

잘 사는 나라들부터 코로나 백신을 맞으면서 이제 좀 일상이 회복되려나 기대를 하기도 무색하게 코로나19는 기세가 꺾이기는커녕 여러 변이들로 모습을 바꿔가며 여전히 사람들을 위태롭게 하고 있다. 사회적 존재로 살아오며 지구 먹이사슬의 꼭대기를 차지해온 인류에게 함께 모이는 것 자체가 어렵고 위험한 일이 되어버린 세상이다.

이런 시대, 이런 상황에서 일본은 올림픽을 강행했다. 한 해 미루고 또 미룰 수 없다며 사상 최초 무관중으로. 무엇을 위해서? 누구를 이롭게 하려고?

알다시피 올림픽은 원래 종교 행사였다. 도시국가로 서로 다투고, 경쟁하고, 툭하면 전쟁을 벌이던 고대 그리스에서 믿던 여러 신들, 그중에서도 최고 신이라는 제우스를 기리던 올림피아 제전은 모처럼 전쟁이 아닌 방식으로 힘겨루기를 하던 고대의 종교 행사가 근대에 들어 국가 대항 스포츠 행사로 바뀌면서 종교 대신 정치와 경제가 중요해졌다.

무관중으로라도 올림픽을 강행하는 이유야 개최국인 일본의 자존심도 있고, 그동안 노력해온 선수들에게 실력을 겨룰 자리를 열어주려는 배려도 있었겠지만 무엇보다 이미 5년 전에 정해져 엄청난 예산을 들여 준비한 행사를 무르기에는 돈과 외교가 복잡하게 얽혀있는 중계권, 광고, 협찬, 건설 등 여러 이권의 뒷감당보다는 복마전이든 뭐든 일단 열고 보자는 셈속이 가장 컸을 듯하다.

이미 거대한 장사판이 된 올림픽 말고 세상에는 운동으로 스스로를 증명하고 성장시켜나가는 여러 상황들이 있다. 가령 올림픽이 열린 일본에 살고 있는 재일조선인

자녀들이 다니는 조선학교에서 축구나 럭비를 꾸준히 해 오는 일도 그런 예일 것이다.

〈60만번의 트라이〉라는 영화를 보면 조선학교에 다니는 청소년들에게 스포츠란 단지 경쟁이나 승부가 아니고 그저 체력 단련이 아니다. 자신이 누구인지, 어떤 존재가 되려는지를 묻는 화두 그 자체가 된다.

불교에서 참선수행자가 깨달음을 얻기 위하여 참공參究, 참선하여 진리를 찾는 문제를 화두라고 한다. 화두의 '화話'는 말이라는 뜻이고, '두頭'는 머리, 즉 앞서간다는 뜻이다. 그러니까 화두는 말보다 앞서가는 것, 언어 이전의 소식이라는 뜻을 담고 있으며 다른 말로는 공안公案 또는 고칙古則이라고도 한다. 공안이라고 할 때의 '공公'은 '공중公衆', 누구든지라는 뜻이고, '안案'은 방안이라는 뜻이다. 누구든지 화두를 깨치면 성불할 수 있는 방안이 된다는 뜻을 담고 있으니 조선학교에 다니는 학생들이 럭비를 통해 찾으려는 자신감과 정체성은 몹시도 중요하고 간절한 화두에 닿는 정진의 방법이 된다.

'트라이', 속옷 상표 이름 말고, 노력하다, 해보다, 시도하다, 애쓰다, 하려고 하다라는 영어 기본 단어 말고, 그냥 그 용어 그대로의 트라이는 럭비 용어다. 상대편의 인골ingoal 안에 공을 찍는 일. 그러면 4점을 득점하고, 덤으로 골킥을 해서 추가 득점을 할 권리를 얻는다.

그 트라이를 60만 번이나 한다는 〈60만번의 트라이〉는 럭비 영화다. 럭비는 우리나라에서는 비인기종목이다. 그 비인기종목인 럭비를 하겠다고 일본에서, 그것도 지방도시 오사카에서, 재일조선인 3세들이 뛰고 구르는 모습을 담은 다큐멘터리다.

김명준 감독의 〈우리 학교〉가 아니었더라면 조선학교 아이들에 대해 엉뚱한 오해가 쌓여 있었을 것이다. 어째서 그 아이들이 일본 정부로부터 정식 학교가 아닌 각종 학교로 분류되어 공식적으로 학교 졸업 자격을 얻지 못해 따로 '대입검정' 시험을 치러야 하는 불이익을 감수하고서도 그 학교를 지키고 있는지 알아보지도 않은 채 '종북'으로 담 쌓고 등 돌린 채 돌아보지 않았을 것이다. 〈우리 학교〉가 아니었다면 지금 정대세 선수가 K리그에서 뛰고 있을 수 없었을 것이며, 故 권리세 양이 가수의 꿈을 한국에서 펼쳐볼 기회도 없었을 것이다.

〈고GO〉(유키사다 이사오 감독)나 〈박치기〉(이즈츠 카즈유키 감독) 같은 상업 극영화가 일본 안에서 일본 관객들에게 조선학교 학생들에 대한 공감과 호응을 불러일으켰듯이 박사유·박돈사 두 감독이 오사카 조고 럭비부 소년들을 통해 60만 재일조선인을 돌아보는 〈60만번의 트라이〉도 2014년 1월 오사카에서 대중에게 공개된 이후 일본 전국에서 상영되며 감동의 물결을 일으킨 바 있다. 이 아이들은 어째서 일본에 살고 있게 된 것일까? 그것도 이제는 세상에 없는 나라 '조선인'이라는 정체성을 지키면서.

그 아이들의 아버지의 아버지가 조선인이던 시절, 나라가 없어졌다. 왕이 군림하던, 양반들이 목소리 높이던 나라가 없어졌다. 그러더니 '내지'인 일본과 조선은 한 나라, 곧 '내선일체'라며 총독부가 들어서고, 일본인이 밀려들어 총독부 뒷배 삼아 땅도 돈도 다 차지하며 근대화를 시켜주는 거라고 거들먹거렸다.

없어진 나라, 식민지 조선의 국민들은 '황국신민'이라는 이름으로 징용이며 학도병, 정신대로 차출되기도 하고, 빼앗긴 땅에서 살 길 막막해 간도나 만주, 연해주 또는 일본으로 흩어져 이산민이 되었다. 무장 항일투쟁이나 해외 임시정부 활동 같은 독립운동부터 태평양전쟁에 끌려가 총알받이나 종군위안부로 사선을 넘나들던 사람들 말고도 숱한 사람들이 조국을 떠나야 했던 시절이었다.

그러다가 원폭 두 방에 일본이 항복을 선언했다. 일제강점기 내내 나라 안팎에서 독립운동을 하던 조선의 국민에게가 아니라 지구촌 곳곳의 식민지를 두고 패권다툼을 하던 1세계 연합국가들에게. 그런 상황에서 조국을 떠난 겨레들이 겪은 세월은 가혹했다.

8·15 당시 2백만이 넘는 숫자가 일상적으로 박해와 민족 차별에 시달리며 일본에 살고 있었는데, 이들의 귀국에 대해서 패전국인 일본 정부나 일본을 점령한 연합군총사령부도 무책임하기 이를 데 없었다. 1인당 천 원 이상을 갖고 나갈 수 없는 가혹한 상황에서 1950년 한국전쟁으로 분단이 고착화될 무렵까지도 60만여 명이 해방된 조국에

돌아오지 못하고 계속 일본에 남게 되었다.

북으로 떠났던 이들은 20세기 내내 냉전의 서슬 때문에 '소련'과 '중공'에 발이 묶여 소수민족으로 살아왔다. 그러다 소련이며 중공이라는 이데올로기의 족쇄들이 풀린 21세기에 동포나 겨레가 아닌 '고려인', '조선족'으로 외국인 취급을 당하고 있다.

바다 건너 일본에 있다 광복을 맞은 이들은 일본에 귀화해 조국을 지우거나, 아니면 떠날 때는 하나였던 조국 가운데 남쪽 아니면 북쪽을 선택해서 조국의 반을 잃거나, 아니면 이제는 영영 없어진 나라 '조선'이라는 국적을 유지하며 말과 글과 얼을 지키거나 셋 중의 하나를 선택해야만 한다.

일본에 귀화하면 더 이상 핍박받는 일은 없는 대신 뿌리를 잃게 된다. 남쪽을 선택하면 말과 글을 배울 수 없게 되니 뿌리를 잊게 된다. 북쪽을 선택하면 전 세계에서 고립된 이방인이 된다. 어디를 선택하든 다른 반쪽을 포기해야 한다. 그러니 그냥 '조선' 국적을 유지하는 '자이니치在日'의 숫자가 60만이다.

〈60만번의 트라이〉는 그 60만 조선인들이 스스로의 정체성을 지키며 살아가는 모습에 대한 뜨거운 응원가가 된다. 어느 하나를 얻고자 다른 많은 것을 포기하는 것이 아니라, 더 열심히 뛰고, 웃고, 서로를 믿는 가운데 어른들이 닫아건 빗장을 아이들이 열어 가는 세상을 보여 준다.

오사카 조고 아이들과 학부모들, 선생님들뿐 아니라 시합 중에는 편이 갈리지만 끝나면 '네 편 내 편'이라는 사이드가 없이 함께 교류하고 즐기는 럭비의 '노사이드 정신'으로 함께 달리는 즐거움을 나누는 일본 학교 아이들 모두가 승리자가 되는 럭비 한마당에서 한일관계와 남북분단 현실이 나아가야 할 길의 방향이 보인다.

〈박치기〉에서 축구 선생님은 '죽을 각오로 하라'고 했지만 〈60만번의 트라이〉의 럭비 선생님은 '스포츠가 사회를 바꾸게 하라'고 한다. 그리고 박사유·박돈사 감독은 이 영화를 통해 영화가 사회를 바꾸는 아름답고 행복한 꿈을 펼쳐 보인다. 〈60만번의 트라이〉의 관객들은 누구나 그 꿈이 남북한 7천 5백만 국민과 재외한인 5백만 모두를 아우르는 꿈이 되어 '8천만 번의 트라이'를 성공시킬 때까지 달리고 또 달리기를 가슴 벅차게 응원하게 될 것이다.

화두를 가지고 공부를 할 때는 간절한 마음으로 공부하기를 마치 닭이 알을 품은 것과 같이 하며, 고양이가 쥐를 잡을 때와 같이 하며, 어린아이가 엄마를 생각하듯 하면 반드시 화두에 대한 의심을 풀어 깨달음을 얻을 수 있게 된다는데 조선학교 학생들에게 스포츠는 그 깨달음에 이르는 정진과 공부의 방법이다. 그래서 더 감동적인 이 학생들의 트라이가 앞으로도 계속될 수 있기를, 올림픽보다 더욱 뜨겁게 응원하고 싶다.

시대의 목탁이 될 바른 언론을 위한 영화

굿나잇 앤 굿럭(2005)

〈법보신문〉을 창간한 월산 스님은 '잠들지 않고 쉬지 않고 게으르지 않으며 굽힘 없고 쓰러짐 없고 부서짐 없는 목탁'이 언론이라고 했다. 신문은 단순히 신문을 만들고 기사를 쓰는 자체에 목적을 두는 것이 아니라 불교계가 건강하고 불자들이 행복할 수 있는 데 기여하는 것을 목표로 두고 있기에 언론이 필요하다는 가르침을 펴신 것이다.

그런데 지금 한국 사회는 언론에 대한 불신, 조롱, 비아냥, 혐오가 넘쳐난다. 한때는 '무관의 제왕'이라고까지 존경받던 언론인에 대해 '기자'와 '쓰레기'를 합성해 만든 '기레기'라는 표현은 서글픈 시대의 단면이 되고 있다.

사실 어느 시대고 권력의 문제는 있었고, 그 문제를 알리려면 어려움을 겪어야 했으니 바른 언론은 시대의 목탁이 되어야 하는 숙명을 타고 난 귀한 자산이다. 그리고 그 목탁을 힘껏 울려 대중에게 바른 길을 전하되, 부서지지 않도록 하는 것은 언론인의 사명이다. 그러니 기레기라는 험한 말을 듣는 오늘의 한국 언론에게, 그리고 그런 언론이 만들어내는 탁한 정보에서 숨막혀 하는 대중에게 역사적으로 근사한 목탁으로 남은 언론에 대한 영화 한 편을 권한다.

한 언론인이 마이크를 잡고 말한다. "미래의 역사가들이 지금 3대 방송국 1주일분 녹화 자료를 찾아낸다면 실상과는 거리가 먼 퇴폐주의, 도피주의만 발견할 것입니다." 그 언론인이 진행하던 시사 프로그램이 폐지되면서 물러나는 자리에서 한 말이다.

"우리는 불쾌한 정보를 외면하려 하고 매체는 그런 현실을 반영합니다. 이렇듯 TV가 주로 본질을 흐트러뜨리고 우릴 속이는 데 이용된다는 걸 깨닫지 못하는 한 TV와 광고주, 시청자, 방송 제작자들은 자기 기만을 멈추지 못할 것입니다."

언제, 어디에서, 누가 한 말일까? 2021년 초겨울 한국 방송계에서 퇴출당한 누군가가 한 말인 것 같다. 그러나 사실은 1958년 10월 28일, 미국에서 에드워드 머로라는 사람이 한 말이다.

그러니까 한창 냉전논리가 휩쓸던 지난 세기, 방송 진행자가 담배 연기를 내뿜으며 프로그램을 진행하고, 담배 회사가 그 방송 진행자 이미지를 빌려 광고를 하던 흑백 방송 시절의 이야기인 것이다.

블록버스터 영화의 남자 주인공 역할로 익숙한 조지 클루니의 두 번째 감독 작품 〈굿나잇 앤 굿럭〉은 매카시즘의 광풍이 휘몰아치던 시기에 진실을 알리고자 하는 방송인들의 신념과 용기에 대한 영화다.

1950년, 증거자료 하나 없이 미국 국무성 내에 공산주의자들이 활동하고 있다고 느닷없이 주장한 상원의원 조 매카시의 폭탄 발언은 공포와 감시의 시대를 열었다.

한국전쟁이 한창이던 이 시기, 매카시는 1954년까지 반미활동조사위원회를 이끌며 숱한 정치가, 예술가, 시민들을 공산주의자로 직접 고발하고, 서로서로 고발하게 하고, 지난 시절의 작은 경험조차 단죄하고, 심지어 이혼한 전 배우자의 집회 참가 여부조차 불온한 사상의 징표로 만드는 비이성의 시대를 이끌었다.

공산주의자로 몰릴까봐 두려웠던 사람들은 불의 앞에서 침묵하거나, 핍박을 피해 외국으로 달아나거나, 자신의 무고함을 증명하기 위해 다른 사람을 심판대에 세우며 빠져나갔다.

〈굿나잇 앤 굿럭〉은 이런 매카시즘이 최고조에 이르렀던 시기에 침묵을 그치고 진실을 보도했던 언론인 에드워드 머로(데이빗 스트래던 역)와 그가 진행했던 시사 프로그램 〈시 잇 나우See It Now〉, 그리고 프로그램을 함께 만들었던 동료들에 관한 영화다.

역사를 부정할 수는 있겠지만 책임을 면할 수는 없다는 신념으로 카메라 앞에 선 머로는 늘 "안녕히, 그리고 행운을Good night, and good luck."이라는 인사로 방송을 마친다. 공포의 시대를 사는 이들의 간절한 바람이 이 짧은 인사에 담겨 있다.

제2차 세계대전이 한창이던 1935년, 런던 특파원으로 전쟁 소식을 전하면서 CBS에서 언론인의 길을 걷기 시작한 머로는 영화의 배경이 되는 1950년대에는 CBS의 시사 프로그램 〈시 잇 나우〉를 진행하는 중견 방송인이 되어 있다.

이 무렵 방송국에는 충성 서약을 하라는 문서가 은밀히 돌고 있다. 서약을 하지 않으면 해고가 될까봐 두렵고, 서약하자니 언론인의 자긍심이 손상되는 상황에서 직원들은 대놓고 반발하지도 못하고 속을 끓이고 있는 상황이다.

이런 상황에서 머로는 프로듀서 프레드 프렌들리(조지 클루니 역)에게 마일로 라둘로비치라는 공군이 재판 없이 강제 전역당한 사건을 보도하자고 제안한다. 라둘로비치의 전역 사유는 공산주의자로 추정되는 아버지와 누이를 고발하라는 강압을 거부했기 때문이었다.

공산주의자라는 아무런 증거도 없이 부당하기 이를

데 없는 연좌제의 희생양이 된 라둘로비치 사건을 보도하는 것은 그때까지 사실 보도 외에 사건에 대한 논평을 하지 않는 프로그램을 진행하던 머로에게는 하나의 전환점이 된다.

머로는 부당한 사건이 벌어지고 있을 때 어느 누구의 편도 들지 않는 것은 불가능하다는 신념을 바탕으로 매카시 의원의 공산주의자 마녀사냥의 부당함을 직접 공격하는 프로그램까지 제작한다. 이제 매카시는 머로와 머로의 프로그램을 탄압하기 위해 목을 죄기 시작한다.

매카시는 머로를 몰아내기 위해 할 수 있는 모든 수단을 동원한다. 반박 방송이랍시고 TV에 등장해서 머로의 논리와 증거에 대한 반박을 하는 것이 아니라, 머로가 원래 사상적으로 문제적 인간이었다는 흑색선전을 펼치는 것은 기본. 머로와 함께 프로그램을 만드는 스태프 가운데 결혼한 부부에게는 사내결혼 금지라는 사규를 어겼다고 해임을 통고하고, 매카시를 지지하는 반동 언론을 통해 머로를 지지하는 후배 언론인을 협박해서 자살로 몰아넣기까지 한다.

방송의 편집권을 침해할 수 없는 CBS 사주는 프로그램의 광고를 끊어 방송국 재정을 압박해 들어오는 매카시 측에게 무릎을 꿇고 머로가 진행하는 시사 프로그램보다 제작비를 3분의 1밖에 안 들이면서 광고수입은 더 많이 벌어들이는 오락 프로그램에 편성시간을 내어주고 〈시 잇 나우〉는 간혹 주말 특별 편성으로 내치고 만다.

그러다가 프로그램이 영영 폐지되는 퇴임의 자리가 영화 〈굿나잇 앤 굿럭〉이 시작하는 자리가 된다. 1954년에 시작된 머로와 매카시의 싸움은 4년 만에 이렇게 올곧은 한 언론인의 퇴출과 프로그램 폐지로 끝났지만 수십 년이 지난 지금에 와서는 진정한 승자와 패자가 누구인지 영화를 통해서뿐 아니라 역사를 통해서도 밝혀지고, 매카시라는 이름은 미국 역사상 가장 부끄러운 '또라이'로 남아 있다.

머로가 라둘로비치 사건을 보도했던 순간이 미국 언론사에서 가장 중요한 순간 중 하나라고 믿어왔다는 조지 클루니는 연기자들의 절제된 연기로 어두운 시대에 맞서는 방송국의 상황을 재현해 내는 극영화 안에서 매카시의 모습만큼은 철저하게 기록 화면을 통해 보여 준다.

〈굿나잇 앤 굿럭〉은 매카시를 영화 안에서 재현하는 것이 아니라 역사 속에서 소환하는 것이다. 이와는 대조적으로 머로가 매카시의 반박에 대해 방송을 통해 입장을 밝히는 장면에서는 방송을 진행하는 실제 머로와 스튜디오 모니터에 비친 영상 속 머로의 모습을 동시에 비추되 양쪽에 번갈아 초점을 맞추며 보이는 모습과 비춰진 모습이 일치하는 것이 진정한 언론인의 모습임을 보여준다. 이 시기의 암울함을 흑백의 영상에 담아내면서 흑백논리의 시대가 이미 과거가 되었음을 노래한다.

조지 클루니가 감독으로서 아카데미 수상 후보에 오르고, 미국 내에서 비평이며 흥행 모두 성공을 거둔 〈굿나잇 앤 굿럭〉은 공산주의자의 사상의 자유나 권리에 대해서는 침묵하는 한계가 있지만, 언론인이 부당한 현실 앞에서 지켜야 할 사명에 대해서 냉철하면서도 묵직하게 짐을 지우는 영화다.

그 짐을 마다한다면 머로가 단호하게 지적했듯이 "TV는 가르치고 계몽하고 영감을 줄 수 있습니다. 그러나 그렇게 되려면 인간이 그런 목적으로 사용하려고 해야 합니다. 그런 노력이 없는 한 TV는 바보상자로 전락하고 말 것입니다." 라는 경고를 들어야 할 것이다.

한때 정권에게 밉보인 오락 프로그램 진행자를 잘라내고, 대표적인 시사토론 프로그램의 사회자를 물러나게 만든 한국 방송계의 꼬락서니 역시 1950년대 미국의 방송국 안에서 담배 피던 시절 모습을 닮아 있다.

그러나 기억하라. 그토록 악랄하던 매카시는 머로가 퇴출되기 한 해 전에 이미 자신을 지지하던 공화당으로부터도 버림받고 마흔여덟의 나이에 알코올중독으로 죽고 말았다는 사실을. 그때 매카시 앞에서 굴복해서 동료 영화인들을 팔아넘겼던 엘리아 카잔 같은 사람이 영화사에서 얼마나 부끄러운 이름으로 남게 되었는지를.

대중들은 바랄 것이다. 바른 목탁 소리와 같은 뉴스를 보고 들은 다음 '굿나잇 앤 굿럭', 그러니까 '안녕히 주무시고 여러분의 행운을 빕니다'라는 인사로 하루를 맺을 수 있기를.

가피력이 머무는 기차역 이야기

기적(2021)

사람으로서 할 도리를 다하고 나서 하늘의 섭리를 기다리는 일을 '진인사대천명盡人事待天命'이라고 한다. 발원을 세우고 더 나아가 정성을 다하는 노력을 기울이면 하늘이 돌보아 뜻을 이루어주게 되는 지극한 힘을 불문에서는 가피력加被力이라고 한다. 부처나 보살이 자비를 베풀어 중생을 이롭게 하는 힘인 가피는 불가사의한 힘으로 중생에게 이익을 주는 불보살의 위신력을 절실한 기도와 정진을 하여 얻게 되니 먼저 뜻을 세우고 노력을 할 때 닿게 되는 경지일 것이다.

가끔 그런 지극한 가피력을 실제로 겪게 될 때 우리는 그 힘을 일컬어 '기적'이라고 한다. 2021년 개봉되어 관객의 높은 호응을 받았던 이장훈 감독의 〈기적〉은 바로 진인사대천명과 가피력을 현실과 영화에서 두루 보게 하는 영화다.

우리나라에서 제일 작은 기차역은 경북 봉화에 있는 '양원역'이다. 그리고 이 양원역은 민자역사다. 철도가 생긴 이래 우리나라에서 철도 운영은 민간이 아니라 국가기관인 철도청이 도맡아 하는데 민자역사는 좀 예외적인 경우다. 사전을 찾아보면 민자역사란 민간 자본으로 건설된 역 건물, 그러니까 민간 기업의 자본이 투입되어 건설된 이후, 소유권을 국영기관으로 이전하되 임대형 민자사업으로 전환하여 일정 기간 동안 위탁 운영되는 철도역을 일컫는 말이다. 그러니까 민자역사는 철도청 입장에서 역을 짓는 건설비를 기업이 담당하는 대신 그 역을 활용하는 상권을 확보해서 기업이 수익을 올려 건설비보다 많은 이익을 낼 만큼 목 좋은 지역에 있는 역들이다. 가령 서울역, 청량리역, 영등포역, 대구역같이 사람도 물자도 엄청나게 오가는 역들.

그런데 봉화군과 울진군의 경계에 위치하고 있어 두 고을의 으뜸이라는 뜻으로 이름 지었다는 양원역은 첩첩산골 사람도 적고 교통량도 적은 곳에 있는 가장 작은 역인데 어떻게 민자역사일 수 있는 걸까? 어떤 민간 기업이 그런 곳에 역을 낼 만큼 특별히 투자를 하기라도 한 걸까? 아니면 지역에 각별한 애정이 있는 사업가가 기부라도 한 걸까?

〈기적〉은 마을을 지나가는 기찻길은 있지만 기차역이 없는 외딴 산골 마을에서, 바깥으로 나가는 길다운 길은 기찻길밖에 없는데 정작 역이 없다 보니 기차는 타지도 못하고 그저 철로를 걸어 오가야 하는 기막힌 상황에서 마을 사람들이 어떻게 자신들의 손으로 역을 만들게 되었는지 사실과 상상을 버무려 엮어 낸다.

마을 사람들은 산을 뚫어 터널을 지나고 강물 위에 아슬아슬하게 놓인 철로를 따라 언제 기차가 올지 모르는 위험천만한 상황에서도 다른 길이 없어 철로로 오갈 수밖에 없다 보니 종종 사고를 당하곤 한다. 위험한 걸 알면서도 그나마 철로 위를 걸어가면 날마다 가야 하는 학교나 직장을 시간 맞춰 가는 게 가능해서다. 그렇지 않으면 굽이굽이 산길을 돌아돌아 가야 하니 어쩔 수 없는 선택이라지만 하루이틀도 아니고 날마다 가슴 졸이며 오가는 기찻길에서는 아무리 조심을 해도 위험이 닥치면 피할 길이 없다.

그런 마을에서 철도 기관사인 홀아버지(이성민 역)와 사는 고등학생 준경(박정민 역)의 인생 목표는 마을에 기차역을 세우는 것이다. 준경이 등굣길에 나설 때마다 살뜰히 챙겨주는 단발머리 보경 누나(이수경 역)가 배웅을 해준다. 별을 유난히 좋아하는 초등학생이던 꼬마 동생 준경이 수학경시대회에서 상을 받던 날도 중학생인 누나의 손을 잡고 상장과 상패를 받으러 다녀왔다. 그때 이미 누나는 자신은 공부에 소질이 없으니 아버지와 남동생 뒷바라지하겠다며 해맑게 웃는 동생 바보였다. 수학 신동인 동생을 마을 사람들에게 자랑 자랑하며 철길을 함께 걸어 집으로 돌아오다 기차가 달려오는 소리에 피할 때 허둥지둥 겁

먹은 어린 준경의 손을 꼭 잡고 이끌어준 것도 누이였다.

잔소리하는 누나랑 티격태격 아웅다웅 지내면서 이제 준경은 누나보다 키도 훌쩍 컸고, 작은 동네에서 멀리 있는 고등학교로 진학도 했다. 자전거 페달을 열심히 밟아서 달려가도 입학식 날부터 지각이지만 별로 쭈뼛거리지도 않는 준경은 수학 하나는 엄청나게 잘한다지만 맞춤법도 엉망인 주제에 예쁜 여학생 라희(임윤아 역)가 관심을 보이든 말든 날마다 우체통에 정성들여 쓴 편지를 부치는 것 말고는 관심이 없이 학교 마치면 집으로 돌아가기 바쁘다.

좀 친해 보려 해도 좀처럼 곁을 주지 않는 준경이 도대체 그렇게 열을 내어 편지를 보내는 상대가 누군지 궁금하다고 몰래 준경의 가방을 뒤져 편지를 훔쳐보다가 딱 들켜놓고는 화를 내는 준경에게 쩔쩔매는 게 아니라 오히려 큰소리칠 정도로 엉뚱하고 씩씩한 라희를 준경은 '광수'라고 부르며 친해지게 된다.

무려 54번이나 보냈는데도 여태 답장 한 번 못 받은 준경이 쓴 편지는 대한민국 대통령 앞으로 부치는 것이었는데, 맞춤법도 엉망이고 문구도 서툴기 짝이 없다. 그런 엉뚱한 편지에 담긴 내용 또한 엉뚱하기 이를 데 없다. 동네 사람들 사정을 호소하며 마을에 기차역을 세워달라는 청원을 담은 것인데, 맞춤법 다 틀려먹은 편지에 청와대에서 신경이나 썼겠냐고 타박하면서 라희가 도와주겠다고 나선다. 맞춤법도 가르쳐주고, 문장도 고쳐주고, 한 사람이라도 더 뜻을 보태면 나을 수도 있다며 편지 청원을 함께 하면서 둘은 꽤 친해졌지만 여전히 청와대에서는 아무 답이 없다.

답을 기다리는 동안에 준경은 마을 사람들을 위해 열차 시간표에 맞춰 신호가 들어오는 시계를 만들어 터널 입구에 달아놓기도 하고, 누나 친구 부탁으로 학교 가는 길에 유치원 가야 하는 동네 꼬맹이를 대신 데리고 가기도 한다. 제법 공부를 잘하는 준경이 시골 학교에서 재능을 썩히지 않도록 도시에서 학교를 다녀야 하니 이사하자고 아버지는 성화고, 누나도 이제는 집을 떠날 때가 되었으니 아버지 말 좀 들으라고 참견이고, 아버지가 지역 국회의원인 라희도 서울로 전학하는데 같이 가자고 부추기지만 준경은 절대 집을 떠나지 않겠다며 고집불통이다.

준경이 엉뚱하고 공부에 별 뜻이 없어 보여도 수학 하나는 기가 막히게 하는 재주가 있다는 걸 눈여겨본 선생님은 걸핏하면 어려운 논문을 던져 주고 읽어 오라고 숙제를 내준다. 어릴 때부터 유난히 천문학을 재밌어하던 준경은 석박사 논문도 혼자 독파할 정도로 천재는 천재인데 공부를 제대로 해야겠다는 의욕을 영 보이지 않으니 아버지도, 누나도, 여자친구도 다들 답답하기만 하다. 아무래도 청와대 답장을 받아야 쇠고집 준경이 공부든 전학이든 뭘 해도 할 것 같다.

대통령을 만나려면 대통령배 수학경시대회에서 1등을 하라고 부추기자 덥석 시험을 치르지만 전국에서 수학 좀 한다는 영재들 다 치르는 시험에서 시골 학교 준경은 우물 안 개구리일 수도 있으니 그 시험에서 1등을 한다는 건 청와대에 보낸 편지의 답장을 받는 것보다 더 어려운 일일 수도 있다.

그 두 가지 어려운 일의 답이 오기를 마냥 기다리지 않고 준경은 마을 사람들에게 직접 역을 짓자고 나선다. 일단 역사부터 지어 놓고 기차가 그 역에 서게 하면 되는 것 아니겠냐는 준경의 열정은 처음에는 허황된 바람으로 사람들 귀에 닿지도 않았지만, 정성을 다하는 진인사의 마음이 어느새 마을 사람들 모두의 마음을 움직이게 된다. 누구는 땅을 고르고, 누구는 돌을 나르고, 누구는 벽을 올리는 일은 그야말로 '대중울력'에 다름 아니다.

그러나 역사가 완성되고, 준경은 시험에서 지역 대표가 되어 무려 미국 나사에 유학을 보내주는 최종 선발 시험을 치를 자격을 얻게 되었지만 정작 기차역에 대해서는 나라에선 아무런 답이 없다. 준경이 얼마나 역을 만들려 애썼는지 알면서도 철도 기관사인 아버지는 국가의 명령이 없으니 그 역을 그냥 지나쳐 갈 수밖에. 대중이 뜻을 모아 진인사해도 대천명의 응답이 없으니 준경은 비뚤어져서 누나가 있는 집을 떠나지 않겠노라 고집을 부린다. 준경이 마을 밖으로, 세상으로 나서기 위해서는 기차역에 대한 숱한 두드림에 대한 응답이 반드시 있어야 한다. 바로 이 지점에서 이 영화는 기적을 만들어 낸다. 그 기적은 그저 불가사의한 하늘의 기운이 아니라 지극한 발원을 세우고 사람이 할 수 있는 모든 노력을 기울이고, 그 마지막에 사람이 스스로의 뜻으로 뛰어넘어야 하는 경계를 지나 이루어진다.

늘 집을 지키던 누나, 항상 정 없이 무심해 보이던 아버지, 일찍 세상을 떠난 엄마, 철로에서 사고를 당해 가족을 잃어도 어쩔 수 없다고 손 놓고 있던 사람들, 이 모든 사람들의 발원이 하나로 모인 기차역, 그 역이 바로 양원역이다.

영화 〈기적〉은 3.7km 떨어진 승부역에서 철길을 따라 집까지 가는 위험천만한 길을 가야만 했던 봉화 산골 주민들이 정부 기관이나 지자체의 지원 없이 역 건물을 세우고, 승강장을 만들고, 역 이름까지 직접 지어서 결국 마을에 기차를 서게 만든 놀라운 실화를 아름다운 풍광을 배경으로 펼쳐 보인다.

양원역은 정식 기차역이 아니라 역무원이 배치되지 않지만 역으로서의 지위를 갖는 '임시 승강장'이다. 이용승객이 적다는 이유로 중간에 폐쇄되기도 했지만 주민들이 역을 지키기 위해 하루는 태백 철암까지 갔다 오기도 하고, 다른 하루는 봉화를 갔다 다음 열차를 타고 돌아오기도 하는 노력을 기울여 살려 냈다. 그리고 이제는 경북 내륙을 관광하는 관광열차인 중부내륙관광열차O-Train와 백두대간협곡열차V-Train가 개통되어 마을 주민들 말고 전국민들이 가보고 싶어하는 관광열차로 유명해졌다. 그야말로 양원역은 대중울력과 가피력이 깃든 기적의 공간, 그 자체인 것이다.

삶이 물었고 영화가 답했다

초판 1쇄 발행 2022년 7월 15일

지은이 이안

펴낸이 오세룡
편집 전태영 유지민 박성화 손미숙
기획 최은영 곽은영 김희재 진달래
디자인 위앤드(정승현)
고혜정 김효선 박소영
홍보·마케팅 이주하

펴낸곳 담앤북스
주소 서울특별시 종로구 새문안로3길 23 경희궁의 아침 4단지 805호
대표전화 02-765-1250(편집부) | 02-765-1251(영업부)
전송 02-764-1251
전자우편 damnbooks@daum.net
출판등록 제300-2011-115호

ISBN 979-11-6201-376-2 (03680)

정가 17,000원